FILIPENSES

A humildade de Cristo como exemplo para a Igreja

Sentença, Evandro da Silva Eloy,
Emi: 01/08/13

CEL:
99039197
87155214
93780321
81813494

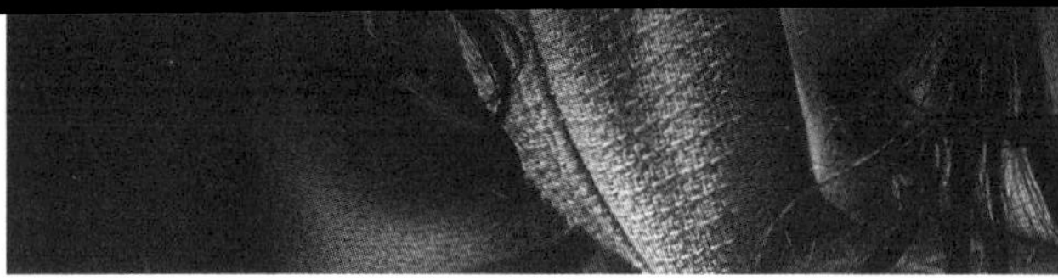

ELIENAI CABRAL

FILIPENSES

A humildade de Cristo como exemplo para a Igreja

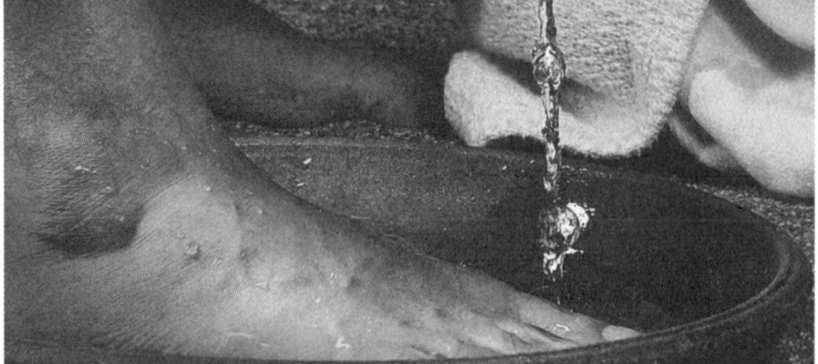

1ª Edição

CPAD

Rio de Janeiro
2013

Preparação dos originais: Daniele Pereira

Capa e projeto gráfico: Jonas Lemos e Anderson Lopes
Editoração: Anderson Lopes

CDD: 220 - Comentário Bíblico
ISBN: 978-85-263-1086-5

As citações bíblicas foram extraídas da versão Almeida Revista e Corrigida, edição de 1995, da Sociedade Bíblica do Brasil, salvo indicação em contrário.

Para maiores informações sobre livros, revistas, periódicos e os últimos lançamentos da CPAD, visite nosso site: http://www.cpad.com.br.

SAC -- Serviço de Atendimento ao Cliente: 0800-021-7373

Casa Publicadora das Assembleias de Deus
Av. Brasil, 34.401, Bangu, Rio de Janeiro - RJ
CEP 21.852-002

1ª Edição: Maio 2013
Tiragem 20.000

Prefácio

Já prefaciei alguns livros. Este, porém, é especial por dois motivos: primeiro, por conhecer o pastor Elienai Cabral e considerá-lo uma das poucas referências capazes, nos círculos pentecostais, de transmitir uma mensagem oportuna e inteligível que não consista apenas em palavreado alegórico, decibéis muito acima do suportável ou intransigência travestida de "ortodoxia". Segundo, pelo fato de a obra tratar de uma epístola em que a cristologia aparece de forma explicitamente oposta ao "deus eficiente" e utilizável do mercantilismo religioso.

Na pequena e singela Carta de Paulo aos Filipenses, especificamente no hino *cristológico*[1] (2.6-11), encontra-se um grande leitmotiv da Bíblia, que é a reflexão antropológica. Talvez pela forma extremamente natural e despretensiosa em que é colocada, passa despercebido à maioria dos leitores que nessa porção escriturística situa-se uma

[1] "Desde os estudos da história das formas, a pesquisa se concentrara sobre as origens literárias e religiosas do hino. Hoje, a atenção tende a se deter na homogeneidade de Filipenses 2,1-18, nos laços que ligam organicamente o hino à parênese (Fp 2.1-4 e 2.12-18) e na função desse episódio

das melhores definições da antropologia bíblica: o homem é servo. Ao descobrir-se servo, o homem deveria fazer o que lhe é próprio, pois Deus tornou-se servo e, achado nessa forma, humilhou-se! A humilhação não foi o ter se tornado servo, ou seja, humano, mas a morte ignominiosa de cruz. O pensamento de que a encarnação ou que o ter se tornado humano seja algo humilhante é proveniente de resíduos filosóficos do neoplatonismo, gnosticismo e maniqueísmo que ainda são muito fortes e condicionantes na teologia cristã.

Oportunamente, o autor escreve no capítulo quatro (que trata do hino cristológico): "Neste texto temos o destaque de duas atitudes de Cristo, humildade e obediência, como manifestações de sua humanidade. No texto de 1.27, Paulo coloca a pessoa de Jesus Cristo como o grande modelo de homem como exemplo para sua vida pessoal no modo de agir e pensar". Contrário ao ensinamento gnóstico que se julgava superior às demais formas de conhecimento acerca da divindade e que, além disso, considerava a matéria inerentemente má, negando que Jesus tivesse vindo em um corpo humano normal, Paulo demonstra através desse texto o valor atribuído por Deus à humanidade. A passagem clarifica a conclamação paulina acerca da imitatio Dei e mostra inequivocamente que alcançar a medida da "estatura de Cristo", ou "*imitar a Deus*", não é tornar-se um "deus" (o que definitivamente seria impossível), mas alcançar — com a graça dEle e a partir do seu próprio exemplo — a plena humanização (Ef 4.13; 5.1,2).

Como Cristo é a manifestação corporal e plena de Deus (Cl 2.9; Hb 1.1-3), e sua forma de mostrar-se não foi a maneira esperada pelo judaísmo, ou seja, como "rei messiânico (que, naturalmente, reveste muito mais os traços de um soberano terreno)",[2] sua rejeição

---

narrativo no conjunto da argumentação paulina. Daí a questão levantada por Ralph Brucker: Paulo cita realmente um hino? Poder-se-ia de preferência pensar que ele mesmo compôs uma meditação cristológica que serve de estrutura para as exortações de Filipenses 1.12—2.30" (VOUGA, F. "A epístola aos Filipenses", in MARGUERAT, D. (Org.). Novo Testamento: história, escritura e teologia. São Paulo: Loyola, 2009, p. 313).

[2] CULLMANN, O. Cristologia do Novo Testamento. 1.ed. São Paulo: Hagnos, 2008, p. 155.

não aconteceu por conhecimento da Palavra ou por uma incompatibilidade com o perfil messiânico apresentado pelos profetas, mas justamente o oposto (Lc 24.19-27,44-48). Tudo indica que os que acreditamos em Jesus e nos autoproclamamos seus seguidores comportamo-nos tal como os judeus que alimentavam uma expectativa irreal acerca do Nazareno. Cullmann diz que a "esperança da vinda de um rei da casa de Davi no fim dos tempos assumiu suas formas mais vivas [...], quando, sob a dominação grega, o nacionalismo judaico alcançara seu desenvolvimento máximo".[3] Tal concepção produziu a esperança em um "rei totalmente terreno, político", que, além disso, "haveria de ser um soberano belicoso cuja primeira preocupação seria a de vencer todos os inimigos de Israel".[4] Foi essa inadequação da imagem do Messias que igualmente privou os judeus de perceberem as ações e a própria vinda de Jesus como sinais do Reino de Deus (Mc 1.14,15; Mt 12.28).

Na esteira dessa mesma linha de raciocínio, lembro-me de ter lido, há muitos anos, a diferença entre sucesso e bênção. O conhecido "contrabandista de Deus", Irmão André, fundador da Missão Portas Abertas, afirma que "o sucesso nem sempre é uma bênção e as bênçãos nem sempre são um sucesso". Ele explica que o "sucesso é geralmente o que você pode medir com os olhos e com a mente; bênção é algo que acontece no Reino de Deus". Como exemplo, Irmão André cita o sacrifício do Meigo Nazareno dizendo que quando "Jesus Cristo morreu na cruz, isso não parecia um sucesso, mas aos olhos de Deus foi".[5] Tal modo de ver as coisas só demonstra que a cosmovisão divina é diametralmente oposta à nossa e que, consequentemente, os padrões mundanos de que cada vez mais lançamos mão (ainda que os maquilemos dando-lhes uma feição piedosa) para aferir o que seja bênção devem ser substituídos. Essa é também uma das propostas desta

---

[3] Ibid., p. 153.
[4] Ibid., p. 153, 154.
[5] Edificando um mundo em ruínas. 1.ed. Rio de Janeiro: CPAD, 1985, p. 60.

obra, pois a sua tônica orbita a discussão acerca da humildade de Jesus como exemplo para a Igreja.

Infelizmente, as denominações são pródigas na criação de semideuses que sequer possuem lucidez para fazer uma autocrítica. Infantilizados com a pregação triunfalista que "transfere" poder através de declarações, são seres humanos que se veem como onipotentes, imbatíveis. Ao enfrentarem as vicissitudes, acabam-se desiludidos. Ao serem questionados quanto ao que creem, "perdem a fé". De fato, tais coisas acontecem por causa do que escreveu o Irmão André ao questionar: "Jesus Cristo é o fundamento de sua vida? Ou a sua fé está baseada em tradições, mesmo que seja a tradição cristã?".[6] São pessoas que não tiveram um encontro pessoal com Jesus Cristo, mas abraçaram um discurso. E, como se sabe, todo discurso é passível de revisão e crítica.

A obra em apreço fala de um Deus que, como a "história da Revelação nos informa", diz Renold Blank, é de fato "todo-poderoso, onipotente, criador do cosmo e muito mais".[7] Entretanto, é inevitável que se reflita, a despeito de toda essa capacidade, o porquê de Jesus não ter feito uso dela para conquistar seguidores, impor subserviência e reivindicar poder político. Apesar de a teologia sistemática superenfatizar os atributos incomunicáveis de Deus, "tudo, porém, na história de Jesus Cristo indica que Deus não está muito interessado em ser venerado a partir de tais características do poder". Pois, "caso estivesse", finaliza Blank, "com certeza teria se mostrado assim. Fato histórico, porém, é que optou por se revelar como ser humilde, servidor e amigo dos pequenos".[8] Tal como os Evangelhos nos mostram e como Filipenses 2.6-11 igualmente no-lo apresenta.

Ao falar do Senhor como o "segundo" ou "último Adão" (Rm 5.14; 1 Co 15.22,45), a instrução paulina é que somente a partir da pessoa de Jesus Cristo, e da maneira através da qual Ele se manifes-

---

[6] Ibid., p. 90.

[7] BLANK, R. A face mais íntima de Deus. 1.ed. São Paulo: Paulus, 2011, p. 166.

[8] Ibid.

tou e do seu comportamento, que o ser humano deve ser pensado. Dizer isso significa que devemos procurar nas atitudes do Senhor para com o Pai, os discípulos e as demais pessoas, judeus ou gentios, o exemplo de como devemos viver. Assim, o discurso teológico sobre o humano, ou seja, sua concepção, precisa ter como chave hermenêutica a *kénosis*[9] — o autoesvaziamento divino. Não pode — e nem deve! — ser construído com um horizonte de referência grego ou gnóstico. Diante disso, a pergunta que se impõe é: Por que, apesar de a Bíblia enfatizar o contrário, a face anunciada e pregada de Jesus é sempre a do Cristo "Todo-Poderoso"? O Cristo *Pantokrator* — todo-poderoso —, construído com o paradigma do opulento Império Bizantino-Romano, só é interessante aos que se encastelam no poder e agem de maneira despótica em relação àqueles a quem deveriam servir. Enquanto o próprio Jesus Cristo — em quem eles afirmam crer — diz que não veio para ser servido e sim para servir (Lc 22.24-27)!

Neste livro, o pastor Elienai nos guia pela senda do aprendizado kenótico, deixando claro que a nossa perspectiva em relação ao mundo deve ser a mesma de Jesus, e que o exemplo de humildade deixado pelo Mestre precisa ser a nossa marca identitária, pois Ele mesmo disse que com o amor com que nos amarmos uns aos outros é que as pessoas reconhecerão que somos discípulos dEle (Jo 13.35). Que nossa existência oportunize ao mundo experimentar o mesmo sentimento que houve em Cristo Jesus (Fp 2.5).

Rio, 20 de março de 2013
César Moisés Carvalho

[9] A expressão aparece em Filipenses 2.7 como "aniquilação" ou "despojamento", podendo ainda ser traduzida como "esvaziamento".

Sumário

INTRODUÇÃO

À CARTA AOS FILIPENSES

As três mais belas cartas do apóstolo Paulo, dentre as treze, as cartas aos Efésios, aos Filipenses e aos Colossenses se destacam pela lucidez dos ensinamentos doutrinários e pela alegria do Espírito que o fazia superar todas as dificuldades. Acrescente-se a Carta a Filemom às três outras cartas escritas na prisão. Esta carta tinha um caráter bem pessoal com algumas inserções doutrinárias quanto ao trato social com escravos e senhores. Naturalmente, o contexto social e político da época permitia a compra e venda de escravos serviçais. Uma vez que Filemom tornou-se um ardoroso cristão, seu comportamento social mudou no trato com as pessoas. As Cartas são conhecidas como "cartas da prisão" porque foram escritas quando Paulo esteve preso em Roma nos anos 62 e 63 d.C.

A Cidade de Filipos

Filipos é o nome da cidade da Macedônia em homenagem a Filipe, pai de Alexandre, o Grande. Lucas descreveu Filipos como a primeira cidade da Macedônia, e sua localização estratégica tornou-a um posto de fronteira militar de Roma, vindo a ser uma das principais rotas entre a Europa e a Ásia. De pequena cidade antiga por nome Krenidês, significando lugar de fontes, foi transformada em um ponto estratégico para o Império de Roma (At 20.6) quando Filipe tomou posse da região e dominou a cidade. Filipos, portanto, tornou-se uma distinta colônia romana, e as colônias romanas eram administradas por magistrados, identificados como pretores (At 16.22,35,36,38).

A Macedônia

A Macedônia era um território do antigo reino da península balcânica (Balcãs), que tinha limites com a Tessália ao sul e ao este e nordeste com a Trácia. A Macedônia fazia parte dos domínios gregos pelas conquistas militares de Filipe II, todavia, depois que este foi assassinado, seu filho Alexandre III — identificado como Alexandre, o Grande — herdou o domínio grego-macedônico. A partir desse domínio, Alexandre, o Grande, partiu para a conquista da parte ocidental da Ásia e do Egito. Porém, com a divisão do império e a sua morte em 323 a.C., a Macedônia tornou-se outra vez um reino separado. Nos anos 221-179 a.C., os romanos fizeram guerra a Filipe e o venceram, mas os descendentes de Filipe reagiram, porém não conseguiram se impor sobre os romanos. A Macedônia tornou-se uma base de expansão do Império Romano. Nos novos tempos depois de Cristo, o cristianismo chegou à Macedônia nas cidades de Tessalônica, Bereia, Filipos e outras (ou colônias). Portanto, Paulo e seus companheiros chegaram a Filipos aproximadamente entre os anos 50 e 51 d.C.

Segundo o registro resultante das escavações arqueológicas no local da cidade de Filipos, os arqueólogos descobriram que Filipos era uma cidade idólatra com vários deuses gregos e romanos, além de várias divindades orientais, como Baal e Astarote e outros. Por não haver muitos judeus na cidade, não havia sinagoga judaica. Com as guerras constantes, a cidade foi sendo invadida e destruída perdurando o que restou da cidade de Filipos até a Idade Média, e então os turcos a destruíram totalmente, restando apenas ruínas arqueológicas com alguns vestígios do passado.

Como Tudo Começou

A mensagem do evangelho chegou a Filipos, na Macedônia, em 51 ou 52 d.C., conforme está registrado em Atos 16.6-40. Paulo e Silas estavam na segunda viagem missionária pela Ásia Menor (hoje Turquia), quando, tendo desembarcado no porto de Trôade (ou Troas), Paulo foi surpreendido por uma visão de noite "em que se apresentava um varão da Macedônia e lhe rogava, dizendo: Passa à Macedônia e ajuda-nos" (At 16.9). Paulo não teve dúvida de que era uma visão de Deus e, por isso, partiu para a Macedônia. Desembarcou no porto de Neápolis e viajou para Filipos.

Os Primeiros Convertidos

Em Filipos, Paulo começou a pregar a Cristo quando uma mulher vendedora de púrpura, chamada Lídia, que era da cidade de Tiatira, abriu o coração para a mensagem de Paulo e o recebeu em sua casa (At 16.14,15). Havia poucos judeus na cidade e gente de outras nações. Filipos era, de fato, uma cidade cosmopolita. Nas primeiras semanas de evangelização, uma vez que não havia uma sinagoga em Filipos, Paulo e seus companheiros desciam à beira do rio no dia de sábado onde se reuniam algumas mulheres e lhes pregava a Cristo. Entre os primeiros convertidos ao cristianismo aparecem o carcereiro e sua família, que foram tocados com o testemunho de Paulo e Silas na prisão, os quais, estando com os corpos feridos, cantavam ao Senhor (At 16.22-34).

O Primeiro Incidente

O modo incisivo de Paulo pregar o evangelho e apresentar a Cristo como Salvador e Senhor acabou por provocar a ira dos comerciantes de Filipos mediante um episódio de libertação de uma jovem adivinha que era escrava, cuja adivinhação lhes dava lucro. Paulo percebeu que se tratava de um espírito imundo que envolvia aquela jovem e expulsou o demônio dela. Uma vez liberta daquele espírito, a jovem não tinha mais o poder de adivinhar, o que provocou grande ira contra Paulo e Silas (ou Silvano) (At 16.16). Os senhores da escrava, percebendo que os lucros caíram, acusaram os dois apóstolos de interferirem em seus direitos de propriedade. Por isso, levaram-nos aos magistrados da cidade e os dois foram presos. Na prisão, depois de açoitados, Paulo e Silas cantavam ao Senhor. Antes, acusados ante os magistrados da cidade, para não serem apedrejados e mortos, os dois apelaram para o fato de que eram cidadãos romanos e não podiam ser tratados daquele modo. Lucas descreveu o episódio que culminou com a conversão do carcereiro da cidade, depois de um terremoto localizado naquele lugar.

A semente do evangelho foi plantada na cidade e, depois de algum tempo, os primeiros convertidos, a partir de Lídia, formaram a igreja na cidade.

A Segunda e a Terceira Viagem Missionária

Alguns eventos anteriores ao envio da Carta aos Filipenses indicam que Paulo completou sua segunda viagem missionária passando por Tessalônica, Bereia, Atenas e Corinto (At 17.1-23) a fim de visitar as igrejas ali estabelecidas.

Quando empreendeu a terceira viagem missionária, visitando as igrejas formadas em seu ministério, Paulo foi para Éfeso, que era outra igreja formada em sua evangelização (At 19.1-40). Então, dessa feita, ele voltou para a Macedônia (At 20.1), quando visitou a igreja em Filipos, da qual recebia ajuda de sustento. No fim de sua terceira viagem missionária, Paulo foi a Jerusalém, onde foi preso (At 21.17-23.30). Transferido de Jerusalém para Cesareia, onde esteve preso por dois anos (At 23.31; 26.32), foi posteriormente enviado para Roma, onde ficou preso por mais dois ou três anos. Foi nesse período de sua prisão que Paulo escreveu algumas de suas cartas entre 61 e 64 d.C., às igrejas de Éfeso, Colossos, Filipos e a Filemom.

A Autoria da Carta

Não há dúvidas quanto à autoria da Carta, porque os elementos autobiográficos colocados na Carta a tornam genuína e autêntica. Discute-se, antes de tudo, o local onde foi escrita, mas é indiscutível a autoria de Paulo. A Carta tem um caráter bem pessoal da parte de Paulo quando cita nomes de pessoas ligadas a ele de modo muito carinhoso. A autoria tem o testemunho dos pais da igreja que no século II citaram a Carta de Paulo aos Filipenses, tais como Policarpo e outros. Num documento histórico da primeira metade do segundo século, está escrito que Policarpo, bispo da igreja, escreveu aos filipenses lembrando as cartas de Paulo.

Data e Lugar da Composição da Carta

Tradicionalmente, tem-se datado a Carta em 61 ou 62 d.C., visto que essa data se situa no período da prisão de Paulo em Roma por dois anos (At 28.16-31). Quando Paulo se refere "à guarda pretoriana" (1.13) e "à casa de César", subentendem-se como elementos fortes de que a Carta aos Filipenses foi escrita durante o período de sua prisão em Roma. Os argumentos que colocam dúvidas sobre o lugar em que foi escrita a carta ficam desprovidos de provas. Paulo estava à disposição da justiça romana e, por isso, foi-lhe permitido morar em casa alugada desde que estivesse sob a guarda de um soldado.

Propósito da Carta

Um membro da igreja chamado Epafrodito, crente fiel e amigo de Paulo, visitou o apóstolo em sua prisão em Roma, levando uma oferta da igreja de Filipos (Fp 4.18). Epafrodito foi acometido de uma enfermidade ao chegar a Roma e quase morreu (Fp 2.27), mas recuperou-se e, quando se preparava para voltar a Filipos,

Paulo resolveu escrever a Carta. Esta tinha por objetivo exortar e animar os filipenses, bem como alertá-los sobre boatos mentirosos a seu respeito lançados por falsos obreiros que procuravam minar a unidade da igreja e a sua lealdade ao apóstolo. Um dos propósitos de Paulo era agradecer a oferta enviada para ajudá-lo no seu sustento durante o tempo de sua prisão. Mesmo estando prisioneiro e com a vida correndo risco de extermínio, Paulo demonstrou à igreja que havia um gozo em sua alma que o capacitava a superar todas as adversidades (Fp 1.4; 4.11-13).

Capítulo 1

Identificação, Saudação e Ação de Graças

Filipenses 1.1-11

Paulo e Timóteo, servos de Jesus Cristo, a todos os santos em Cristo Jesus que estão em Filipos, com os bispos e diáconos: graça a vós e paz, da parte de Deus, nosso Pai, e da do Senhor Jesus Cristo. Dou graças ao meu Deus todas as vezes que me lembro de vós, fazendo, sempre com alegria, oração por vós em todas as minhas súplicas, pela vossa cooperação no evangelho desde o primeiro dia até agora. Tendo por certo isto mesmo: que aquele que em vós começou a boa obra a aperfeiçoará até ao Dia de Jesus Cristo. Como tenho por justo sentir isto de vós todos, porque vos retenho em meu coração, pois todos vós fostes participantes da minha graça, tanto nas minhas prisões como na minha defesa e confirmação do evangelho. Porque Deus me é testemunha das saudades que de todos vós tenho, em entranhável afeição de Jesus Cristo. E peço isto: que a vossa caridade aumente mais e mais em ciência e em todo o conhecimento. Para que aproveis as coisas excelentes, para que sejais sinceros e sem

> escândalo algum até ao Dia de Cristo, cheios de frutos de justiça, que são por Jesus Cristo, para glória e louvor de Deus. (Fp 1.1-11)

Nos primeiros onze versículos dessa Carta, trataremos de aspectos iniciais que envolvem saudação, lembranças e a oração do apóstolo em favor da igreja. A motivação da Carta acontece depois de Paulo ter sido preso e levado para Roma mediante o seu apelo ao imperador para ser julgado em Roma e aguardar julgamento naquela cidade (At 22—25). Como prisioneiro, ele podia morar numa casa alugada e até receber a visita de amigos. Porém, certo dia, apareceu um cristão fiel de Filipos que tinha o nome de Epafrodito, o qual havia trazido notícias dos irmãos filipenses e uma generosa oferta de amor para suprir as necessidades do apóstolo. Esse gesto amoroso da igreja de Filipos comoveu o coração do apóstolo. As notícias não eram tão boas, pois estava havendo discórdia entre os cristãos acerca de problemas de ordem social e também de ordem doutrinária. Por esse motivo, o apóstolo Paulo escreve aos filipenses, não só para agradecer a oferta enviada, mas também para orientar a igreja acerca das verdades do evangelho, refutando as distorções doutrinárias.

Na parte introdutória deste livro, abordamos aspectos gerais que envolvem geografia, história e propósito da Carta. Indiscutivelmente, essa é uma das mais belas Cartas do apóstolo Paulo escrita enquanto estava preso em dois possíveis locais: Cesareia e Roma, entre os anos 60 e 63 d.C. Os estudiosos dessa Carta encontram dificuldades para estabelecer datas e locais precisos. O que importa é que essa carta foi escrita enquanto Paulo esteve preso e outras cartas do apóstolo foram escritas às demais igrejas na Ásia Menor, Grécia e Europa.

As cartas da prisão tornaram-se epístolas doutrinárias que não somente ensinavam as doutrinas de Cristo, mas orientavam os cristãos quanto ao comportamento que deviam ter em relação ao mundo hostil daqueles dias contra a Igreja. Porém, essa Carta é um libelo de amor e gratidão aos filipenses pelo cuidado deles com os obreiros que serviam a Cristo.

A Chegada do Evangelho a Filipos (At 16.11-40)

Graças ao grande apóstolo Paulo e o seu espírito missionário, a igreja de Cristo não ficou restrita apenas aos judeus. Ele entendeu que o Reino de Deus não podia ficar limitado às terras da palestina e levou a mensagem de Cristo ao mundo gentio. Daí por que ele é chamado "apóstolo dos gentios" (At 11.18; Rm 11.13). Esse sentimento o fez chegar à Ásia Menor, à Macedônia e a todas as ilhas habitadas daqueles mares. Foi movido por esse sentimento que o evangelho chegou a Filipos, na Macedônia.

Lucas, médico e escritor, autor de Atos dos Apóstolos, teve o cuidado de relatar todas as viagens missionárias do apóstolo Paulo, além de ser um amigo e companheiro nas suas privações e lutas em todas as andanças pelo evangelho de Cristo.

Por volta do ano 52 d.C., aproximadamente, Paulo empreendeu sua segunda viagem missionária acompanhado por dois outros companheiros, Silas e Timóteo (At 15.40; 16.1-3). Tudo indica que Lucas fazia parte dessa comitiva pelo uso da terceira pessoa do plural em Atos 16.11-13. De início, Paulo e seus companheiros dirigiam-se à sinagoga dos judeus da cidade com o fim de encontrar judeus com os quais pudesse falar sobre a nova doutrina. Como não havia uma sinagoga, Paulo dirigiu-se a um lugar público e informal onde homens e mulheres faziam orações e discutiam sobre religião.

A história da missão de Paulo e seus companheiros em Filipos ganha importância conforme o relato de Atos 16. Os primeiros registros de pessoas que aceitaram a Cristo, inicialmente, foram três: Lídia, uma mulher comerciante que negociava com púrpura e tintura (At 16.14); a jovem endemoninhada que foi liberta de um espírito maligno (At 16.16-18); e a família toda do carcereiro da cidade (At 16.23-33). Lídia era da Ásia, a jovem endemoninhada era grega e o carcereiro era cidadão romano. Naturalmente, outras pessoas aderiram à mensagem do evangelho pregada por Paulo, formando um grupo de cristãos na cidade. Lídia tornou-se uma líder, convertendo-se a Cristo e levando o primeiro grupo de cristãos para sua casa. Foi na casa dessa mulher que a igreja teve início na cidade Filipos.

Autoria e Destinatários

1. Paulo e Timóteo (1.1)

O apóstolo Paulo tinha a Timóteo como um filho e seu auxiliar direto na vida missionária. Por isso, coloca-o como coautor dessa Carta, e certamente de outras escritas às igrejas formadas do seu labor missionário. Naturalmente, a autoria principal era de Paulo que, certamente discutia com Timóteo os assuntos de sua preocupação a serem lembrados no conteúdo da Carta. Paulo não gozava de boa saúde e tinha dificuldades com a visão exigindo o auxílio constante para escrever os seus pensamentos.

A forma de escrever uma carta naquela época continha três elementos: iniciava com o nome do rementente, depois o nome do destinatário e os cumprimentos aos destinatários. Ainda que Paulo, por consideração especial a Timóteo, o coloque junto do seu nome como autores, o conteúdo da Carta é todo de Paulo e ele começa "dou graças a Deus".

"Paulo" (1.1) — O autor da Carta, responsável pela igreja de Filipos. Para entender a preciosidade dos pensamentos de Paulo se faz necessário conhecer mais intimamente o personagem. Era judeu de sangue, da tribo de Benjamim (Rm 11.1), e natural de Tarso, na Cilícia. Sua cultura advinha de três mundos distintos: judaica, grego e romano. Os antagonistas da sua teologia afirmam que Paulo foi influenciado fortemente pela cultura grega, mas, na verdade, os fundamentos da teologia judaica foram a base para a teologia cristã, da qual Paulo foi o principal construtor. Em termos de liderança, Paulo se tornou o apóstolo mais influente. Ele teve a coragem de aceitar o desafio da missão evangelizadora para os gentios e ficou conhecido como o "apóstolo dos gentios" (At 9.15). Nas suas cartas, ele se identificava sempre pelo primeiro

nome, "Paulo", e na Carta aos Filipenses ele inicia de modo diferente das demais cartas. Em geral, ele começa identificando seu apostolado, mas nessa Carta ele acrescenta o nome de Timóteo, seu companheiro de viagem, e faz saudações à igreja de Filipos.

"... e Timóteo" (1.1) — Ao mencionar Timóteo, o apóstolo Paulo demonstra a importância do companheirismo de Timóteo. Percebe-se que este foi alguém muito especial nas atividades de formação e fortalecimento das igrejas. Ele foi um companheiro de viagem de Paulo a partir da segunda viagem missionária e demonstrou em todo o tempo lealdade, fidelidade aos princípios do evangelho e participante nas aflições pelo nome de Cristo. Paulo o preparou para ser um autêntico pastor como de fato foi em Éfeso.

"... servos de Jesus Cristo" (1.1) — Antes de apresentar-se por títulos que reforçassem suas posições diante dos cristãos de Filipos, Paulo declara que eles eram apenas "servos de Jesus Cristo". Russell Shedd – missionário e escritor de grande profundidade, reconhecido em toda a America Latina e, atualmente, missionário no Brasil – explora o sentido literal da palavra "servo" no original grego *doulos*, que sugere a ideia de escravo voluntário que serve com alegria e regozijo, para agradar ao seu senhor. Ora, o Senhor de Paulo e Timóteo era Jesus Cristo. Na Carta aos Romanos, Paulo diz que foi chamado para "ser servo de Jesus Cristo" (Rm 1.1,6). Como tornar-se servo de Jesus Cristo? O mesmo apóstolo diz que o servo é um escravo que obedece a um senhor e a ele pertence por direito de compra. Em 1 Coríntios 6.20, está escrito: "Fostes comprados por bom preço" e isso significa que fomos comprados por Cristo. Na verdade, fomos redimidos por seu sangue, porque éramos escravos do pecado (Rm 6.17). Se somos escravos de Jesus Cristo, servimos a Ele, porque nos comprou e pagou o preço do seu sangue (Ef 1.7).

"... aos santos... que estão em Filipos" (1.1) — Difere o tratamento do apóstolo aos cristãos que viviam em Filipos. Ele os chama "santos", porque se referia àqueles que foram salvos e separados

para viver uma nova vida em Cristo Jesus (2 Co 5.17). Era o tratamento que Paulo dava a todas as igrejas. Ele fortalecia a ideia de um estado de santidade ativa porque viviam e exerciam sua fé "em Cristo Jesus". Essa expressão "em Cristo Jesus" era também usada em outras cartas para ilustrar a relação dos crentes com Cristo. Tratava-se de uma relação íntima como existe entre a "videira e os ramos" (Jo 15.1-7; 1 Co 12.27). Os destinatários, portanto, são chamados "santos" porque foram separados para viver para Cristo. A igreja romana identifica como "santos" os que já morreram. Porém, o contexto teológico indica que "santos" são todos quantos servem ao Senhor Jesus em vida física. O significado da palavra "santo" é "separado". Os crentes em Cristo, independentemente de suas fraquezas, são os "separados" para servirem a Cristo. A santidade pode ser vista sob dois ângulos: posicional e a progressiva. Posicionalmente, todos quantos estão em Cristo Jesus são considerados "santos". Progressivamente, todos os vivos em Cristo aperfeiçoam a vida cristã buscando a separação de toda e qualquer ação pecaminosa.

2. A liderança da igreja (1.1)

Fazia parte da vida da igreja uma liderança especial identificada pelos "bispos e diáconos" que serviam na igreja de Filipos. No grego bíblico, a palavra "bispo" é epíscopos e tem o sentido de supervisor. Como a palavra "bispos" está no plural, subentende-se que se tratava dos líderes principais da igreja. Em outras partes do Novo Testamento, destaca-se a função do presbítero, cuja função essencial era a liderança local, submetida, naturalmente, a um pastor ou bispo da igreja. A palavra *episkope* refere-se também à pessoa do bispo, do líder, do pastor local. Paulo não teria citado essa palavra se não houvesse bispos na igreja de Filipos. O sistema atual de governo eclesiástico usa o termo *pastor*, cuja função é a mesma referente ao bispo.

Todavia, Paulo saúda também aos "*diáconos*", cuja função era a mesma estabelecida em Atos 6.1-6. Os diáconos cuidavam da administração material da igreja. Com os dois tipos de liderança no seio da Igreja, Paulo entende que devem merecer apoio e apreciação pelo seu trabalho na vida eclesiástica. Ele dá importância à liderança espiritual da igreja. O padrão básico instituído nas igrejas do primeiro século tinha em sua liderança "bispos", ou seja, líderes espirituais responsáveis pela igreja local, e tinha "*diáconos*" que serviam à igreja na liderança dos bispos.

Saudações Iniciais de Paulo (1.2)

Na cultura hebraica (judaica) a saudação utilizada entre as pessoas da raça era "Paz", que aparece no hebraico como *Shalom*. A ideia básica sugerida por *shalom* e com sentido mais profundo é o de estabelecer uma trégua para um conflito. Sugere, também, algo que produz tranquilidade, harmonia e bem-estar depois de uma guerra.

A partir do Novo Testamento, os apóstolos acrescentaram a palavra "graça" para denotar a fonte da salvação em Cristo Jesus. A saudação tornou-se um hábito, não uma regra, para "graça e paz". A palavra "graça" é *charis*, que denota a obra redentora de Deus Pai por intermédio de seu Filho Jesus Cristo.

Normalmente, nas cartas comuns da época, o remetente se limitava a desejar saúde e bem-estar ao destinatário. Note que a saudação não é algo estereotipado, mas é forma especial de falar que a graça tem sua fonte em Deus, que revelou Jesus Cristo como Senhor e Salvador.

Ação de Graças e Oração (1.3-6)

1. As razões gratulatórias da sua oração

Ao dar graças a Deus pela lembrança que vinha a sua mente acerca dos cristãos de Filipos, ele está, de fato, afirmando que apesar de estar preso fisicamente, sabia que os irmãos permaneciam firmes na fé sem se deixar levar pelo engano dos falsos mestres que tentavam desmerecer todo o trabalho feito anteriormente. Ele estava preso, mas a Palavra de Deus continuava livre.

Mesmo sendo prisioneiro de Cesar (de Roma), a lembrança da igreja lhe dava forças para recordar e enviar a Palavra de Deus que ninguém podia prendê-la. Ele não podia estar comungando fisicamente com os filipenses, mas podia orar por eles, pois a oração não tem fronteiras.

2. Uma oração de gratidão (1.3,4)

"... todas as vezes que me lembro de vós" (1.3) sugere a importância de valorizarmos a história e as pessoas que fizeram parte dessa história. A falta de memória tem produzido distorções dos nossos valores, e o espírito de gratidão tem se tornado raro em nossos dias. Em seus pensamentos, Paulo lembrava a experiência amarga que tivera juntamente com Silas em Filipos, quando foram arrastados à presença das autoridades e condenados (At 16.19). Foram açoitados publicamente e, com vestes rasgadas e o corpo ferido, foram colocados no cárcere da cidade, com os pés presos em troncos dentro da cadeia. Porém, a recordação maior daquela prisão vivida por Paulo e Silas era o livramento que Deus lhes deu e a conversão do carcereiro, depois do terremoto. O sentimento mais forte na mente e no coração de Paulo era a convicção de que, naquele momento, ele estava preso, mas a Palavra de Deus não estava algemada. Paulo entende ainda que ele, de fato, era prisioneiro de Cristo, e não de César. Podiam colocar algemas no homem Paulo, mas não podiam algemar o evangelho de Cristo. Para o evangelho de Cristo, que é a manifestação da Palavra de Deus, não há limitação geográfica ou física. A Palavra de Deus é poderosa e livre para operar na vida das pessoas. Suas orações não se restringiam às paredes de uma cela, porque elas lhe davam consolo e certeza de estar sendo ouvido. Suas orações lhe proporcionavam alegria de espírito.

"... fazendo, sempre com alegria, oração por vós em todas as minhas súplicas" (1.4). Parece um contrassenso, ou um paradoxo, reunir súplica com alegria, mas isso só é possível quando se tem o Espírito Santo dentro de si. Ele nos habilita a superarmos as

tristezas e necessidades produzindo um gozo interior (alegria) que nada no mundo seria capaz de produzir. A igreja de Filipos dava a Paulo alegria pura quando pensava nela.

Que significam essas súplicas? No grego bíblico, a palavra "súplica" é *deesis*, e é substantivo de *deomai*, que significa "tornar conhecida uma necessidade específica". Paulo não faz uma oração qualquer, sem uma intenção precisa. Ele faz um pedido a Deus pela igreja de Filipos. Na verdade, a súplica que Paulo faz em favor da igreja tem um caráter intercessório que se origina na compreensão da necessidade da igreja. Mais tarde, Paulo reforça essa oração quando diz: "O meu Deus, segundo as suas riquezas, suprirá todas as vossas necessidades em glória" (4.19). Dos vários tipos de oração, a intercessão toca o coração de Deus.

3. Paulo faz uma oração de gratidão pela cooperação dos filipenses na disseminação do evangelho (1.5)

"... pela vossa cooperação" (1.5). A palavra *cooperação* ganha um sentido especial nas orações do apóstolo porque ele ora não só por seus filhos na fé, mas agradece a Deus a cooperação deles na disseminação do evangelho. Essa cooperação referia-se aos donativos enviados pela igreja por intermédio de Epafrodito (2.25). Quando fala de cooperação, está de fato trazendo à tona o carinho e a comunhão dos cristãos de Filipos (At 2.42; 1 Jo 1.3,7). Por essa oração, ele lembra a participação nas lutas pelo evangelho e a contribuição financeira espontânea para sustentar os servos de Deus (Fp 4.15,16; 2 Co 8.1-4; 9.13; Rm 15.26). Enquanto os filipenses cooperavam, os coríntios fechavam a mão (1 Co 9.8-12).

4. Uma oração de gratidão pela intimidade espiritual dos filipenses com o seu ministério (1.6-8)

"... tendo por certo isto mesmo" (1.6). Na ARA, a expressão é "estou plenamente certo", indicando que a "boa obra" não é outra coisa que não seja "a salvação recebida". Paulo não tinha dúvidas

quanto à salvação. Ele estava totalmente convicto acerca da salvação e sabia que nada poderia frustrar ou interromper a obra de Deus na vida dos crentes que a receberam (Rm 8.26-39).

"... *aquele que em vós começou a boa obra" (1.6)*. Que "boa obra" era esta? Paulo atribui a "boa obra" a Deus por meio de Jesus Cristo. A "boa obra" não é outra coisa senão aquela que só Deus pode operar. Trata-se de uma obra da qual os crentes participam em termos de pregar o evangelho a outras pessoas. Deus não faz só essa obra, mas requer pessoas que se tornam cooperadoras na sua obra (1 Co 3.9). Porém, Paulo agradecia a Deus pelos filipenses, porque eles participavam da mesma graça do evangelho com o apóstolo (1.7). Era, de fato, a identificação de uma intimidade espiritual que ele gozava na presença de Deus, mesmo estando algemado. Paulo tinha um carinho especial pela igreja de Filipos e demonstra uma forte afeição pelos filipenses como uma prova de amor que deve existir entre o pastor e suas ovelhas (Fp 1.8).

"... *aperfeiçoará até ao Dia de Jesus Cristo" (1.6)*. A obra de aperfeiçoamento é progressiva, paulatina. Ela vai sendo desenvolvida até a vinda de nosso Senhor Jesus Cristo. O que se entende por "até ao Dia de Jesus Cristo"? A expressão: "dia de Jesus Cristo" refere-se ao tempo da volta do Senhor Jesus, que acontecerá em duas fases distintas. A primeira fase é o arrebatamento da Igreja, que acontecerá de modo invisível e será um evento apenas para a igreja sobre as nuvens (1 Ts 4.13-17). A segunda fase da volta de Jesus será visível para a terra e ocorrerá no final da Grande Tribulação, quando Jesus descerá para desfazer o poder da trindade satânica: o anticristo, o falso profeta e o Diabo. Ele irá instalar um novo reino e domínio na terra a partir da Jerusalém terrestre (2 Ts 2.7-9). O termo "dia" no contexto dessa escritura abrange os dois eventos: sua vinda sobre as nuvens e sua vinda com as nuvens. A essência da escritura indica dois aspectos importantes acerca da salvação: a perfeita e a progressiva. A salvação perfeita refere-se à obra perfeita que Jesus realizou no Calvário. Trata-se de uma obra perfeita e completa.

Mas o que Paulo quis enfatizar com a palavra "até" é a dinâmica da salvação progressiva a qual o Senhor vai aperfeiçoando até a sua vinda. A consumação da salvação se dará no Dia de Jesus Cristo. Tudo o que depende de nós é a nossa perseverança na fé até aquele dia.

Nos versículos 7 e 8, o apóstolo Paulo faz um interlúdio na sua carta para afirmar aos filipenses a sua profunda afeição e o respeito por eles pelo fato de participarem da sua vida de modo especial. Quando diz "*vos retenho em meu coração*" (v. 7), na forma grega pode ser traduzida como "vós me tendes em vosso coração". No versículo 8, Paulo expressa seu amor e gratidão pelos seus amigos filipenses por participarem dos seus sofrimentos, das suas tristezas e também das suas alegrias.

O Conteúdo da Oração Intercessória pelos Filipenses (1.9-11)

O apóstolo sabia o que estava fazendo e por que fazia. Por isso, sua oração não era vazia de sentido e de conteúdo. A expressão que temos na Almeida Revista e Corrigida é "e peço isto", e na Almeida Revista e Atualizada o texto diz o seguinte: "E também faço esta oração". Na verdade, Paulo fez orações de ação de graças pelos filipenses, mas revela no versículo 9 o conteúdo de sua petição por eles.

Que aumente mais e mais o amor (1.9). Paulo entendia que a igreja precisava crescer, não apenas em quantidade, mas em qualidade. Ele não via falta de amor. Pelo contrário, Ele ora para que o amor existente aumente ainda mais, porque sabia que o amor estagnado faz com que tudo fique estagnado. O amor vivido na vida dos filipenses precisava ainda mais ser dinamizado. Ele conseguia vislumbrar o amor numa dimensão muito maior, que deve ser demonstrado em ação. O amor é a base de sustentação da obra de Deus. Se faltar o amor, a obra irá padecer e sucumbir. Porém, não basta apenas o amor humano. É necessário que o amor de Deus seja derramado nos corações (Rm 5.5). A habitação do Espírito dentro da vida interior do crente produz "o fruto do Espírito". Das nove qualidades do fruto do Espírito, o amor aparece em primeiro (Gl 5.22).

"... em ciência e conhecimento" (1.9). De que maneira o amor pode crescer? O apóstolo Paulo indica o caminho para o aumento do amor: através do conhecimento e da ciência, que aqui neste contexto refere-se ao "discernimento". Várias vezes encontramos a palavra "conhecimento" traduzida do grego *epignosis*, que se entende por conhecimento espiritual, religioso e teológico. Crescer em conhecimento mediante a operação regeneradora do Espírito na vida do pecador, que o torna apto a conhecer a verdade (1 Tm 2.4; 2 Tm 2.25; Hb 10.26). O amor de Deus na vida abre o tesouro do conhecimento na vida do crente e o torna maduro para a salvação (Ef 4.13).

Paulo orava para que o amor transbordasse em conhecimento e compreensão espiritual a vida cristã dos filipenses. Ele orava para que esse amor lhes desse a capacidade de ver com toda a clareza ("ciência") a diferença entre o certo e o errado, e que não precisassem sofrer a censura de quem quer que seja até ao Dia de Cristo.

A capacidade para discernir as coisas excelentes (1.10). A expressão que aparece na versão Corrigida é "que aproveis". "Discernir" no grego bíblico é *aisthesis* traduzido como "percepção". O termo refere-se a uma capacidade de perceber entre o certo e o errado. Porém, um dos dons do Espírito (1 Co 12.10) é "discernir os espíritos", que implica uma capacidade espiritual e sobrenatural. Não se trata de apenas obter percepção moral. A palavra "aprovar" descrevia o ato de analisar e provar o valor de um metal ou de uma moeda, para saber se era falsa ou verdadeira. Quando Paulo usa a expressão "coisas excelentes", referia-se às coisas genuínas, coisas que diferem e fazem distinção entre aquilo que é excelente e verdadeiro e o que é falso e adulterado. A capacidade de saber escolher o que é melhor pode ser uma capacitação do Espírito com "o dom de discernimento espiritual". Esse dom se manifesta na vida do cristão, dando-lhe condições de saber julgar sensatamente as coisas.

A graça da sinceridade e da inculpabilidade no dia de Cristo (1.10). Subentende-se que a sinceridade e a inculpabilidade no dia de Cristo resultarão do comportamento que o crente tem em sua vida íntima e na vida pública.

A palavra "sincero" aparece no texto original como *eilikrines*, que na sua etimologia pode ter dois significados. O prefixo *eili*, que significa "luz solar", e o sufixo do termo *krines* ou *krinei*, com o sentido de julgar. A união desses dois termos para formar a palavra *eilikrines* significa que, no ato de aprovação, o crente sincero é capaz de suportar e passar pela luz solar que não esconde nada errado ou impróprio. É como movimentar uma peneira à luz do sol para revelar as sujeiras, como a peneira que separa a palha do trigo. Isso fala de pureza, de isenção moral e de contaminação. Os sinceros serão provados e, uma vez aprovados, serão considerados inculpáveis.

Já a palavra "inculpáveis" aparece no grego como *aproskopos*, cujo sentido é, no sentido negativo, aquilo que não leva ao pecado. Na ARC, a expressão é "sem escândalo", e dá a ideia de "alguém inofensivo, que não tropeça, que não cai em pecado". Manter uma vida cristã inofensiva, que não tropeça nem leva outros a tropeçar requer do crente a ajuda do Espírito Santo para que nenhuma falta de ordem moral, física ou espiritual venha afetar ou manchar sua reputação como cristão. Paulo falou em outra ocasião, em Atos 24.16, sobre o "ter uma consciência sem ofensa". Ora, sabemos que o Dia de Cristo só acontecerá após o arrebatamento da Igreja, quando os salvos comparecerão diante do Tribunal de Cristo (2 Co 5.10) para que suas obras sejam avaliadas e recebam a recompensa. Para chegarmos no Dia de Cristo, precisamos viver uma vida de sinceridade e inculpabilidade. Paulo diz aos tessalonicenses que deveriam conservar uma vida irrepreensível para a vinda de nosso Senhor Jesus Cristo (1 Ts 5.23).

O fruto da justiça reproduzido na vida dos filipenses (1.11). Paulo usa a palavra fruto em sentido ético, para falar de colheita de justiça. Os frutos são suas obras más ou boas. É pelos frutos que se conhece a qualidade da árvore. Os bons frutos de uma árvore boa, aprovada por Deus, produzem "amor, gozo, paz, longanimidade, benignidade, bondade, fé, mansidão e temperança (Gl 5.22). A justiça que vem Deus produz um fruto que se manifesta com perfeição em seu próprio caráter e obra. Na verdade, Paulo desejava que os crentes de Filipos não fossem estéreis, mas cheios de frutos "para a glória e louvor de Deus".

As circunstâncias adversas no ministério eram amenizadas com a demonstração de amor das igrejas que foram plantadas por Paulo. Nesse sentido, ele tinha razões sobejas para agradecer a Deus por aqueles a quem amava.

Capítulo 2

A Alegria que Supera a Adversidade

Filipenses 1.12-26

Nada retém a força do evangelho, a não ser a falta de vontade humana. — O autor

E quero, irmãos, que saibais que as coisas que me aconteceram contribuíram para maior proveito do evangelho. De maneira que as minhas prisões em Cristo foram manifestas por toda a guarda pretoriana e por todos os demais lugares; e muitos dos irmãos no Senhor, tomando ânimo com as minhas prisões, ousam falar a palavra mais confiadamente, sem temor. Verdade é que também alguns pregam a Cristo por inveja e porfia, mas outros de boa mente; uns por amor, sabendo que fui posto para defesa do evangelho; mas outros, na verdade, anunciam a Cristo por contenção, não puramente, julgando acrescentar aflição às minhas prisões. Mas que importa? Contanto que Cristo seja anunciado de toda a maneira, ou com fingimento, ou em verdade, nisto me regozijo e me regozi-

> jarei ainda. Porque sei que disto me resultará salvação, pela vossa oração e pelo socorro do Espírito de Jesus Cristo, segundo a minha intensa expectação e esperança, de que em nada serei confundido; antes, com toda a confiança, Cristo será, tanto agora como sempre, engrandecido no meu corpo, seja pela vida, seja pela morte. Porque para mim o viver é Cristo, e o morrer é ganho. Mas, se o viver na carne me der fruto da minha obra, não sei, então, o que deva escolher. Mas de ambos os lados estou em aperto, tendo desejo de partir e estar com Cristo, porque isto é ainda muito melhor. Mas julgo mais necessário, por amor de vós, ficar na carne. E, tendo esta confiança, sei que ficarei e permanecerei com todos vós para proveito vosso e gozo da fé, para que a vossa glória aumente por mim em Cristo Jesus, pela minha nova ida a vós. (Fp 1.12-26)

Neste capítulo, a Carta de Paulo segue o padrão comum adotado por ele para escrever suas cartas. Ele dá uma descrição detalhada das suas necessidades, mas destaca, acima de tudo, a paixão que o consumia: a pregação do evangelho acima de qualquer adversidade. O texto está adaptado ao assunto deste capítulo. Paulo estava preso em Roma, mas as suas cadeias não o impediam de proclamar o evangelho. Ele fala de seu sofrimento de forma exemplar, com o objetivo de levar os filipenses a uma reação cristã à perseguição. Ele queria que os filipenses entendessem que nada poderia diminuir a fé recebida. Pelo contrário, as coisas que lhe haviam acontecido em sua viagem missionária não eram um entrave para o progresso do evangelho. Os filipenses estavam profundamente preocupados com o estado físico de Paulo na prisão. Nutriam por ele um grande afeto. Sabiam que ele estava preso, aguardando o julgamento, e que não demoraria o seu julgamento perante o supremo tribunal do Império. Por causa dessa situação, a igreja se preocupava em saber como ele estava se sentindo. Na verdade, a preocupação maior dos filipenses estava em saber o que aconteceria com a igreja plantada por todo o mundo romano se Paulo fosse condenado à morte.

O Testemunho que Rompe Cadeias e Grilhões (1.12,13)

1. O evangelho é mais poderoso do que cadeias e grilhões

A prisão de Paulo, do ponto de vista humano, poderia ter sido um revés para o evangelho. Entretanto, Paulo garante que nada, absolutamente nada, poderia frear a força do evangelho de Cristo. Nenhuma circunstância, política, material ou espiritual impediria o testemunho do evangelho.

O fato de o apóstolo estar preso poderia afetar o avanço do evangelho no mundo. Sua prisão era considerada um golpe contra a igreja de Cristo. Porém, o apóstolo transmite na sua carta a ideia de que nenhum poder físico ou material poderá conter a força do evangelho. O que Paulo, de modo simples e objetivo, diz para os filipenses é que cadeias não limitam o movimento dinâmico do evangelho que pode ser disseminado de boca em boca. Mais importante que as suas cadeias era a proclamação do evangelho, não importava como. Para o apóstolo em prisão, as notícias dos sucessos de conquista do evangelho na vida das pessoas lhe serviam de consolo para suportar os sofrimentos que padecia nas suas prisões. Saber que o testemunho das suas prisões produzia fruto positivo na vida dos cristãos, especialmente os romanos, dava-lhe uma alegria e um sentimento de vitória que superava todos os sofrimentos da prisão.

2. Paulo rejeita a autopiedade no seu sofrimento (1.12)

Paulo começa referindo-se às "coisas que me aconteceram" (v. 12), ou seja, como está no grego do Novo Testamento "*ta kat'eme*" que diz respeito a "minhas coisas, meus assuntos" ou "coisas que dizem respeito a mim". Ora, Paulo estava falando dos seus sofrimentos, mas sua avaliação sobre esses sofrimentos era que eles não deviam ser a razão de compaixão dos filipenses. Ele queria que os filipenses entendessem que o foco, o vértice de tudo e a pessoa para quem deviam olhar era Jesus. Ele era o eixo central da sua vida, e seus sofrimentos físicos e materiais contribuíam para o avanço da igreja no mundo. Paulo não se fazia de vítima do evangelho nem da igreja, mas entendia que tudo quanto acontecia na sua vida era para a glória de Cristo na sua igreja no mundo.

Paulo avalia seus sofrimentos com uma visão positiva. Ele era um missionário que tinha consciência da importância da sua missão. Na sua mente, todo e qualquer sofrimento infringido contra a sua pessoa no exercício do ministério cristão era circunstancial e estava sob os cuidados de Deus. A soberania de Deus equivale à consciência de que o sofrimento é temporal e que a superação sobre ele produz um sentimento de vitória e aponta para um futuro eterno de gozo na presença de Deus. Por isso, Paulo não agia com autopiedade para conquistar a compaixão das pessoas. Ao falar e escrever de seus sofrimentos, não esperava que os filipenses e todas as demais igrejas entendessem que ele não estava esperando dos cristãos atitudes de compaixão, de pena pelos maus tratos recebidos. Paulo queria que a igreja de Filipos e as demais igrejas do seu campo missionário percebessem que sua prisão contribuiria ainda mais para que o evangelho alcançasse muitas pessoas. Paulo não estava interessado em chamar a atenção para si, mas queria que a igreja não desanimasse em momento algum, mas desse prosseguimento ao objetivo da proclamação do evangelho em todo o mundo.

Que coisas eram essas vividas e experimentadas por Paulo? Ele podia lembrar-se de duras experiências que o acometeram e o deixaram, às vezes, com fome, com privação de roupas, com enfermidades regionais. Seu corpo tinha as marcas dos açoites que deixaram vergas em seus lombos; as marcas das correntes nos tornozelos e braços; os naufrágios; os apedrejamentos; os perigos em travessias de rios; os pés calejados em viagens a pés, e perigos de assaltos e ladrões. Todas essas experiências contribuíram para que o evangelho que não ficasse engessado em poucos lugares. Tudo isso contribuiu para que Paulo e seus companheiros de missões amadurecessem na fé e na convicção do galardão de Cristo ao final da jornada cristã (2 Co 5.10). Paulo entendia que fora chamado para compartilhar de um projeto divino e que os sofrimentos infligidos durante a execução desse projeto divino em favor do evangelho culminariam com a vitória de Cristo sobre as forças do mal. Por isso, Paulo se regozijava em Cristo. Ele se regozijava então nos seus sofrimentos. Aos colossenses, ele repetiu a mesma mensagem quando disse: "Regozijo-me, agora, no que padeço por vós e na minha carne cumpro o resto das aflições de Cristo, pelo seu corpo, que é a igreja" (Cl 1.24). Ele reagia aos sofrimentos com atitude de aceitação positiva e não permitia que a amargura dos sofrimentos ou qualquer resquício de autopiedade o impedisse de fazer a obra de Deus. Esse sentimento de sacrifício e paixão pela obra de Cristo está em crise nos tempos atuais. Os adeptos da pseudoteologia da prosperidade, que não admitem o sofrimento, desconhecem o privilégio de sofrer por Cristo.

No versículo 12, quando Paulo fala de "proveito" (ARC) ou "progresso" (ARA), está falando, de fato, de um termo militar que se referia aos trabalhadores que abriam caminho através de uma floresta utilizando ferramentas como machetes, machados e foices a fim de facilitar a caminhada de soldados para o alvo de sua batalha. O termo grego para "progresso" é prokopê que significa, essencialmente, "avanço a despeito de obstruções e perigos que bloqueiam o caminho do viandante". Na verdade, Paulo estava declarando que a obra do evangelho estava rompendo com obstruções e progredindo, a despeito da terrível oposição externa. Paulo estava dizendo, na realidade, que na batalha espiritual é preciso abrir caminho para chegar a um fim proveitoso. Nesse sentido, os sofrimentos do apóstolo contribuíam para maior proveito do evangelho.

Paulo Focaliza sua Atenção na Proclamação do Evangelho (1.12,13)

1. Paulo conquista a simpatia da guarda pretoriana (v.13)

Paulo estava convicto de que não havia qualquer acusação que o incriminasse, até porque suas doutrinas eram conhecidas até mesmo pelas autoridades da Defesa Pública, isto é, o Pretório. A corte pretoriana era constituída por uma classe especial militar que vivia na mesma região (ou lugar) onde Paulo estava preso. A palavra "pretório" vem do latim *praetorion* e no grego é *praetorium*, que era o Tribunal em que se ouviam e julgavam as causas pelo pretor ou magistrado civil. O apóstolo Paulo aguardava o dia em que seria apresentado ao pretor para ser ouvido e julgado por ele. O que se subentende é que o caso de Paulo havia sido levado ao imperador como um caso muito especial e que havia simpatia das autoridades pelo seu caso, uma vez que havia cristãos que viviam e trabalhavam dentro do Palácio de César como está dito no texto de 4.22: "Todos os santos vos saúdam, mas principalmente os que são da casa de César".

A despeito da terrível oposição externa que a obra missionária estava enfrentando e sofrendo, a obra do evangelho progrediu e a Palavra de Deus não ficou retida por força nenhuma. Paulo estava em Roma aguardando julgamento da parte do imperador. A guarda pretoriana era constituída de, pelo menos, 10 mil soldados espalhados em todos os lugares onde houvesse uma representação do Império. Em Roma havia o maior número de homens para proteger o Imperador. Essa guarda romana gozava de certos privilégios superiores a qualquer outra instituição imperial que exercia influência sobre coisas ligadas ao imperador. Paulo era um preso especial que conseguiu conquistar a simpatia de muitos pretorianos, e por esse modo a comunicação da mensagem do evangelho era facilitada em todo o Império Romano. Sua situação judicial chamou a atenção de muita gente de Roma que não via qualquer crime de Paulo contra o império.

2. O seu sofrimento propiciou um canal de abertura para se pregar o Evangelho

Warren Wiersbe, em seu comentário sobre a Carta aos Filipenses, diz "que o mesmo Deus que usou o bordão de Moisés, os jarros de Gideão e a funda de Davi usou as cadeias de Paulo" para a proclamação do evangelho. Os cristãos romanos espalhados por toda a Roma, inclusive nas cidades adjacentes, começaram a falar mais livremente sobre o evangelho na capital do Império.

A prisão de Paulo, em vez de reter a força do evangelho, promoveu ainda mais a sua disseminação. O Espírito Santo usou a prisão de Paulo para tornar o evangelho ainda mais dinâmico e poderoso no seu avanço no mundo.

Motivações da Pregação do Evangelho (1.14-18)

Duas motivações que estavam na mente e no coração dos cristãos espalhados em toda a Ásia Menor, que era o campo missionário do apóstolo, além da Europa. Podemos perceber nessas duas motivações que moviam as igrejas como sendo uma positiva e a outra negativa. A positiva dizia respeito ao estímulo dos filipenses quanto às notícias da simpatia da guarda pretoriana à situação prisional de Paulo (1.13). Essa motivação produziu no coração e na mente dos cristãos filipenses a renovação de entusiasmo e disposição para continuar fiel ao propósito da propagação do evangelho.

1. Uma nova fonte de energia (v.14)

O texto diz que "muitos dos irmãos no Senhor, tomando ânimo com as minhas prisões" descobriram uma nova fonte de energia para continuar a fazer a obra de Deus. O texto diz que "muitos dos irmãos" (1.14) foram estimulados pela repercussão positiva entre os cristãos de Roma de que o processo contra Paulo era injusto e não havia nenhuma ação criminosa, senão pelo fato de pregar a Cristo Jesus. Ora, visto que Paulo estava preso por causa de Cristo, a guarda pretoriana bem como as autoridades romanas passaram a entender que se tratava de um equívoco e que Paulo não era nenhum criminoso. Paulo, pelo Espírito, entendeu que essa situação de dúvida das autoridades romanas contribuiria para a disseminação do evangelho. Por isso, Paulo regozijava-se pela oportunidade de participar dos padecimentos de Cristo Jesus (Gl 2.20). Aqueles irmãos poderiam agora anunciar a palavra de Deus com maior determinação e destemor.

2. O sentimento de pessimismo de alguns cristãos (1.15-17)

Paulo estava imobilizado para fazer a obra livremente, pois sua prisão o impedia de movimentar-se para fora da prisão. Alguns cristãos, principalmente, que eram mestres judaizantes, insistiam que era necessário unir os ritos mosaicos com as instituições cristãs. Paulo os combatia porque entendia que eram duas coisas completamente distintas. Entretanto, esses judeus cristãos tomavam essas posturas de Paulo e o acusavam de ser inimigo da Lei e dos Profetas, principalmente porque ensinava contra a necessidade da circuncisão para o cristão. Por esse modo, esses inimigos gratuitos de Paulo incitavam os romanos contra o apóstolo para o indispor contra os romanos. Essa situação despertou motivação errada em alguns dos cristãos de Filipos. Era um sentimento de pessimismo no sentido de que Paulo estaria prejudicando o crescimento do cristianismo.

Esse sentimento desenvolveu-se motivado por falsos obreiros existentes no seio da igreja de Filipos. Alguns cristãos mais afoitos aproveitaram-se da ausência do apóstolo para agir de modo discordante de tudo quanto haviam aprendido anteriormente, conforme está descrito nos versículos 15 ao 17. Sem dúvida alguma, o Diabo se aproveitou da fragilidade daqueles irmãos para plantar em seus corações sentimentos de mesquinhez, de inveja, porfias, discórdia e atitudes rebeldes (1.15,17). Ao ter notícias dessa situação e sabendo que a liderança local não estava conseguindo impedir essa situação, Paulo entendeu pelo Espírito Santo que o que importava, de fato, era que Cristo fosse pregado "de toda a maneira", "quer por pretexto, quer por verdade"(1.18, ARA). O segmento hostil que se levantou na igreja criou uma situação que tinha por objetivo, acima de tudo, atingi-lo e tratá-lo como um desconhecido e sem reputação, ou mesmo como se fosse um falso apóstolo. Ele sabia que essa situação seria dissipada e o que importava mesmo era que o evangelho fosse pregado a todas as gentes até a vinda do Senhor.

"*Verdade é que também alguns pregam a Cristo por inveja e porfia*" (1.15). A despeito de Paulo estar preso naquela ocasião, ele faz entender que a obra da igreja de Cristo não perderia espaço no mundo por sua incapacidade de se movimentar. A obra não sofreria por sua ausência física. Porém, aqueles opositores tinham propósitos diferentes dos propósitos de Paulo. O apóstolo os denomina de eritheia porque pregavam por outros interesses e com atitudes de inveja e porfia. O interesse maior era trabalhar mercenariamente. A atitude dos caluniadores de Paulo era mercenária, pois trabalhavam com segundas intenções. Invejavam a autoridade e o poder apostólico que Paulo tinha. A palavra "porfia" indica contenda, rivalidade e conflito que os opositores de Paulo faziam para denegrir a imagem do apóstolo perante os irmãos.

"... *mas outros de boa mente*" (1.15), isto é; de boa vontade, que denota satisfação e contentamento daqueles que trabalham por amor ao Senhor. Os opositores de Paulo tinham motivação errada porque eram impulsionados por um espírito faccioso, partidário, de intriga, e valiam-se de meios inescrupulosos para alcançar seus objetivos perniciosos. No versículo 16 está escrito que alguns trabalham por amor porque foram alcançados pelo amor imenso do Senhor.

"*mas outros, na verdade, anunciam a Cristo por contenção*" (1.17). A palavra que melhor explica "contenção" é "discórdia", que descreve aqueles estavam interessados apenas nos seus próprios interesses. Eles não tinham motivos puros, e por isso caluniavam a Paulo, querendo diminuir sua autoridade para com os filipenses.

"*Mas que importa?*" (1.18). Paulo estava afirmando que se aqueles falsos irmãos pregavam por porfia, fingimento ou por pretexto, o que importava, de fato, era que o evangelho estava sendo pregado. Não significa pregar erroneamente alguma doutrina, mas significa que se a mensagem for preservada, independentemente do comportamento daquelas pessoas, o que importa é que o evangelho seja pregado. Ele ainda diz: "nisto me regozijo e me regozijarei ainda".

Ora, sua alegria não se prendia às circunstâncias ruins ou daqueles que o criticavam, porque a essência de tudo era a certeza da proclamação do senhorio de Cristo. Paulo preferia saber que os seus opositores pregavam o evangelho com fingida piedade, mas pregavam. Para ele, isso era razão de regozijo em sua alma.

Intensa Expectação de Paulo (1.19-26)

Os versículos 19 a 26 apresentam o exemplo de uma vida consagrada ao Senhor, revelando ser a mais profunda e sincera consagração que um homem seja capaz de fazer a Deus. Jesus Cristo é engrandecido como objeto maior da vida do crente, porque a graça demonstrada de Cristo é o seu princípio de vida e a palavra dEle é a sua regra cotidiana. A frase "nisto me regozijo e me regozijarei ainda", dita por Paulo do versículo 18, demonstra o sentimento que dominava a sua alma de que nada afetaria sua alegria em Cristo. Não se tratava de uma alegria efêmera ou passageira, mas de uma alegria produzida pelo Espírito Santo na sua vida interior. Em seguida, ele diz que tinha em seu coração uma "intensa expectação". Que expectação era essa? Não se referia à sua própria segurança, mas ao fato de que sua prisão e privação promoviam ainda mais o progresso do evangelho.

1. Cristo é engrandecido na vida pessoal do apóstolo (1.19-20)

O que é que Paulo esperava? Qual era a sua expectativa acerca dos seus sofrimentos e da continuidade da expansão da igreja? No versículo 18, Paulo diz: "Mas que importa? Contanto que Cristo seja anunciado de toda a maneira". Essa atitude revelava o anseio do apóstolo pelo crescimento da igreja, sem se importar por quais meios, visto que o poder do evangelho superaria os problemas humanos.

Porém, no versículo 19, Paulo estava certo de que Deus era poderoso para tirar bem do mal, fazendo que o mal, ou seja, a oposição feita contra ele, redundaria na salvação de muitas pessoas. Nesse mesmo versículo, o apóstolo estava confiante na provisão ("socorro") do Espírito de Jesus Cristo. Ora, o Espírito de Jesus não era outro senão a terceira pessoa da Trindade, enviado por Cristo para suprir todas as necessidades da sua igreja na terra (Gl 3.5). A presença do Espírito Santo na vida pessoal do crente e na igreja de Cristo é uma garantia de resultados positivos.

"... intensa expectação" (1.20). Qual era a expectativa de Paulo quanto à sua vida? Na mente do apóstolo, estar motivado por uma "intensa expectação" ou "ardente expectativa" significa alguém que estica o pescoço para ver o que há adiante. Paulo tinha esperança e estava seguro da promessa de Cristo de que em breve ele estaria em sua presença. Ora, o que esperava Paulo? Ele esperava não ser envergonhado ou "confundido" (v. 20). Sua vida dedicada ao Senhor lhe dava a garantia de que seus inimigos é que seriam envergonhados, pois ele estava dando a sua vida em libação ao Senhor. Ele esperava engrandecer a Cristo no "seu corpo físico" (v. 20), isto é, os sofrimentos físicos que padecia lhe davam a sensação de participar dos sofrimentos do Senhor Jesus.

2. Como Paulo vê a morte e a vida em sua experiência pessoal (1.21,22)

A expressão "porque para mim o viver é Cristo, e o morrer é ganho" (v. 21) revela o sentimento que dominava coração e mente do apóstolo. Viver, para ele, era a vida que agora tinha. O seu passado não era vida, mas era morte. Porém, ao encontrar a Cristo, recebeu vida e vida abundante. Essa declaração não significa apenas viver para servir a Cristo, para fazer o melhor que possa no Reino de Cristo na terra, ou para agradá-lo, fazer sua vontade, ou para ganhar almas para Cristo. É muito mais que isso. Significa uma total identificação com Cristo, no sentido de que "o viver é ter Cristo em sua própria vida". Em Gálatas 2.20, ele disse: "Já estou crucificado com Cristo; e vivo, não mais eu, mas Cristo vive em mim; e a vida que agora vivo na carne vivo-a na fé do Filho de Deus, o qual me amou e se entregou a si mesmo por mim". Paulo se via identificado com Cristo com tal comunhão, como a união do tronco com os ramos, o corpo com a cabeça. Nesse sentido, as coisas do mundo não podiam afetá-lo, porque ele podia dizer: "Estou crucificado com Cristo".

Na sua mente, continuar vivo fisicamente significaria continuar fazendo o seu trabalho missionário. Porém, ele via o seu sofrimento físico como um modo de glorificar a Cristo no seu corpo. Paulo colocava o seu ideal acima de qualquer adversidade. A morte traria lucro pessoal porque poderia estar para sempre com o Senhor. Porém, o que importava era a pregação do evangelho. Por vida ou por morte tudo o que Paulo queria era que Cristo fosse engrandecido no mundo (1.21). Ele queria viver para servir a Cristo, para agradar-lhe e fazer sua vontade, mas entendia, também, que o que importava era Cristo, não ele propriamente. Por isso, declarou aos gálatas: "E vivo, não mais eu; mas Cristo vive em mim" (Gl 2.20). Sua consagração a Cristo era total e completa. Cristo era o princípio, a essência e o fim na sua vida pessoal. NEle vivia e se movia para a sua glória, por isso, podia dizer: "Para mim o viver é Cristo, e o morrer é ganho" (1.21).

3. A intensa expectação de Paulo (1.22-26)

Nos versículos 19 a 21, Paulo expõe suas emoções revelando um dilema interior que era o desejo de estar com Cristo e o estar vivo na carne para continuar fazendo a obra de Deus. Pela morte ou pela vida, Paulo queria e desejava que Cristo fosse engrandecido na sua vida. Ele apela para as orações da igreja para que o socorro divino fosse concedido a ele naquela hora difícil.

1.22 — O "viver na carne" era uma declaração de que continuar a viver fisicamente poderia representar sua total devoção a Cristo. O que importava para ele era que seu trabalho em favor de Cristo produziria resultados eternos, e não meramente temporais. Essa expressão não tinha um caráter moral, mas referia-se a viver na carne para continuar a dar fruto no seu trabalho de disseminação do evangelho. Quando fala do "fruto da minha obra", referia-se ao fato de que se sua existência física podia lhe dar a oportunidade de continuar dando fruto, então valia a pena estar vivo. Mais do que sua escolha pessoal entre viver e morrer, valia o fato de que estar vivo, contribuiria para a proclamação do evangelho e o fortalecimento da igreja. Na verdade, o seu futuro não dependia da sua escolha pessoal, porque estava sob o poder do Império Romano. Independentemente de qualquer ação drástica do império contra a sua vida, ele não tinha nada a temer pela certeza de que seu destino estava na mão de Deus.

"Mas de ambos os lados estou em aperto" (1.23). Na ARA, a palavra traduzida para "aperto" é "constrangido". A palavra "aperto" dá a ideia de estreitamento de duas ideias: viver ou morrer. Entre viver ou morrer, o apóstolo diz mais: "tendo desejo de partir e estar com Cristo". A esperança do crente em Cristo é que, quando morrer fisicamente, possa estar com Cristo. Não há purgatório para o crente fiel, nem mesmo para o infiel. Os que morrem vão para o lugar provisório (Sheol-Hades), que é a morada das almas e espíritos dos mortos. Os justos vão para o descanso do Paraíso, e os ímpios vão para "o Lugar de tormento", e todos ficarão nesses lugares até a ressurreição de seus corpos. Os justos em Cristo ressuscitarão primeiro por ocasião do Arrebatamento da Igreja de Cristo e os ímpios só ressuscitarão no Juízo Final.

O apóstolo Paulo declara que estava em aperto, ou seja, pressionado por dois pensamentos em sua mente: morrer para estar com Cristo, ou continuar vivo, para completar a obra ainda por fazer em favor da igreja.

1.24 — Neste versículo, Paulo entende a ideia de que "ficar na carne" seria mais necessário, por amor da igreja, isto é, continuar vivo.

1.25,26 — Paulo entende que se fosse libertado da prisão teria a oportunidade de rever todos os irmãos filipenses e gozar da sua hospitalidade e amor. Tudo o que Paulo mais desejava naquele momento era estar livre para retornar a Filipos e ver a igreja de perto, bem como regozijar-se na fé daqueles irmãos.

Nesses versículos, o apóstolo Paulo resolveu seu dilema em relação à igreja e declara que o seu desejo de estar com Cristo foi superado pela obrigação e o amor de servir aos irmãos. Paulo estava pronto para continuar trabalhando, mesmo tendo que enfrentar oposições dos romanos, de falsos cristãos, além das privações materiais e físicas, desde que tudo isso contribuísse para o progresso do evangelho e do crescimento espiritual da igreja (vv. 25,26).

Capítulo 3

Conduta Digna do Evangelho

Filipenses 1.27—2.1-4

Somente deveis portar-vos dignamente conforme o evangelho de Cristo, para que, quer vá e vos veja, quer esteja ausente, ouça acerca de vós que estais num mesmo espírito, combatendo juntamente com o mesmo ânimo pela fé do evangelho. E em nada vos espanteis dos que resistem, o que para eles, na verdade, é indício de perdição, mas, para vós, de salvação, e isto de Deus. Porque a vós vos foi concedido, em relação a Cristo, não somente crer nele, como também padecer por ele, tendo o mesmo combate que já em mim tendes visto e, agora, ouvis estar em mim.

Portanto, se há algum conforto em Cristo, se alguma consolação de amor, se alguma comunhão no Espírito, se alguns entranháveis afetos e compaixões, completai o meu gozo, para que sintais o mesmo, tendo o mesmo amor, o mesmo ânimo, sentindo uma mesma coisa. Nada façais por contenda ou por vanglória, mas por humildade; cada um considere os outros superiores a si mesmo. Não atente cada um para o que é propriamente seu, mas cada qual também para o que é dos outros. (Fp 1.27—2.1-4)

A quebra da sequência dos versículos tem por objetivo destacar a importância do assunto inserido no texto. O texto indicado para este capítulo trata, como se vê, da conduta digna que o cristão deve viver em meio aos sofrimentos infligidos no contexto da vida cristã. Esses mesmos versículos destacam a perseverança como qualidade indispensável para suportar o sofrimento. Em todo o Novo Testamento, especialmente nas cartas de Paulo, o sofrimento esteve presente na vida dos cristãos. Ele mesmo lidava com o sofrimento com uma postura firme na esperança de que um dia não haveria mais sofrimento para os que estão em Cristo.

Neste final do capítulo 1 (Fp 1.27-30), Paulo faz de Cristo o exemplo supremo da vida dedicada. Esse exemplo se torna um consolo quando sofremos por amor a Cristo. Paulo chama a atenção dos filipenses para as aflições e perseguições que ele havia passado e que eles também experimentariam. Em outra carta, o apóstolo resume seu pensamento nesse sentido quando diz: "E também todos os que piamente querem viver em Cristo Jesus padecerão perseguições" (2 Tm 3.12).

O apóstolo admoesta aos cristãos de Filipos a que norteassem suas vidas pelo evangelho de Cristo, independentemente das adversidades que tivessem de enfrentar por causa do nome de Jesus. Por que aceitar sofrer pelo evangelho? A resposta simples e objetiva estava na convicção de que um dia esse sofrimento iria parar, e a presença do Espírito Santo na vida íntima de cada crente fortaleceria a esperança da glória. Na realidade, Paulo faz um convite aos cristãos para que sejam capazes de padecer pelo Senhor Jesus, porque o galardão da fidelidade estava garantido.

A Conduta de Cidadãos dos Céus

1. O significado de "portar-se dignamente" (1.27)

Ao exortar aos cristãos filipenses que se portassem dignamente, Paulo tinha em mente o estilo de vida da cidade e da sociedade de Filipos, como uma representação autêntica da vida romana. Ele entendia que a cidade que oferecia honras aos seus cidadãos e que levava uma vida politeísta poderia afetar a fé em Cristo. Ele, então, apela à consciência cristã dos membros da igreja a que tivessem cuidado em não corromper a fé recebida em Cristo. Paulo lembra nessa exortação o fato de que eles deveriam saber como viver numa sociedade comprometida com a cidadania imperial romana, sem se esquecer de que eles tinham uma cidadania celestial, cujo Rei era o Senhor Jesus Cristo. Esse fato é lembrado no texto de 3.20: "Mas a nossa cidade está nos céus". O apóstolo apela para a conduta cristã que os filipenses deveriam ter em relação à vida da cidade política e social de Filipos.

A maior dificuldade do mundano está na palavra "conduta", que é interpretada como um modo de cercear a liberdade de ser e de fazer o que quiser fazer. Entretanto, do ponto de vista da Bíblia, essa palavra cabe perfeitamente no estilo de vida cristã. A conduta requerida não é um cerceamento à liberdade; pelo contrário, é um modo de exercer liberdade com domínio sobre todos os ímpetos da natureza humana.

Note o que o texto diz: "somente deveis portar-vos dignamente conforme o evangelho de Cristo". A palavra chave nesta frase é "portar-se" que melhor traduzida e de acordo com o contexto se refere ao comportamento de um cidadão. Portanto, como "cidadãos dos céus" os cristãos devem conduzir-se de um modo digno do evangelho. Esse modo digno de conduzir-se implica agir com firmeza e equilíbrio na vida cristã cotidiana.

A palavra "digno" está no texto grego do Novo Testamento como *aksios* (*ou axios*) e é usada por Paulo em outras cartas aos efésios (Ef 4.1), aos colossenses (Cl 1.10) e aos tessalonicenses (1 Ts 2.12). A palavra *axios* sugere, na sua etimologia, a figura de uma balança de dois pratos em que o fiel da balança determina a medida exata daquilo que está no prato. O valor ou dignidade é achado quando o fiel da balança fica na posição vertical central. Os pratos da balança que ficam em posição horizontal precisam ter o mesmo peso para equilibrar o fiel da balança. O cristão precisa ter uma vida equilibrada com o fiel da balança que é a vontade soberana de Deus para a sua vida. Em síntese, os privilégios de que gozamos na vida cristã devem condizer com nossa conduta de cidadãos dos céus.

2. O comportamento de cidadãos dos céus (1.27)

O texto diz literalmente "vivei" como "cidadãos dos céus" do mesmo modo como cada cidadão romano tinha que viver conforme as leis do Império Romano. Muito mais, como cidadãos romanos, os cristãos deveriam viver de modo digno do evangelho, sem ofender a lei terrena, mas nunca negando a salvação recebida de Cristo Jesus. Por isso, um cidadão consciente sabia que deveria sempre respeitar as leis do império para ter privilégios de cidadãos (Rm 13.1-7). Do mesmo modo, o cristão devia comportar-se como cidadão dos céus, porque sua nova pátria é o Reino de Deus. Mais à frente, Paulo identifica bem esse novo estado de vida do cristão quando diz: "Mas a nossa cidade está nos céus, donde também esperamos o Salvador, o Senhor Jesus Cristo" (Fp 3.20). O cristão deve, portanto, comportar-se de forma digna dessa cidadania. Todo aquele que for nascido de novo, é nova criatura e tem seu nome escrito no Livro da Vida do Cordeiro, por isso faz parte da família celestial (2 Co 5.17; Fp 4.3).

Paulo tinha uma visão ética da vida cristã muito definida. Por isso, é frequente nas suas cartas o apelo ao padrão de conduta ética para as igrejas sob a sua orientação pastoral. Várias vezes nos deparamos com esse apelo paulino nas suas cartas. Aos Tessalonicenses, ele escreveu: "Assim como bem sabeis de que modo vos exortávamos e consolávamos, a cada um de vós, como o pai a seus filhos, para que vos conduzísseis dignamente para com Deus, que vos chama para o seu reino e glória" (1 Ts 2.12). Ao recomendar uma cristã chamada Febe, membro da igreja em Cencreia, Paulo escreveu aos romanos: "Recomendo-vos, pois, Febe, nossa irmã, a qual serve na igreja que está em Cencreia, para que a recebais no Senhor, como convém aos santos" (Rm 16.1,2). Percebe-se que é o evangelho que estabelece a norma ética do comportamento cristão.

Uma Conduta Capaz de Fazer Frente à Oposição no Seio da Igreja (1.28)

1. A igreja enfrentava uma oposição de intimidação (1.28)

A versão bíblica Almeida Revista e Corrigida (ARC) apresenta o texto assim: "Em nada vos espanteis dos que resistem" (v. 28). A versão da Bíblia Viva esclarece ainda mais o texto com estas palavras: "sem temor algum, não importa o que os seus inimigos possam fazer". A palavra "resistir" tem o mesmo sentido que "oposição", e isso estava ganhando espaço no seio da Igreja como uma forma de intimidação aos fiéis.

A expressão "em nada vos espanteis" contém um verbo expressivo que sugere o tropel de cavalos assustados. Paulo mostra a distinção na reação de coragem e firmeza que os filipenses deveriam ter em relação às perseguições. Ele garante que o sofrer por Cristo é garantia de salvação e vitória sobre os inimigos. A invasão de falsos mestres e apóstolos no seio da igreja produzia medo da parte dos cristãos que Paulo havia doutrinado. A resistência ao ensino do evangelho vinha de fora por intermédio de pregadores que negavam a divindade de Cristo e os valores ensinados pelos apóstolos. Essa resistência de alguns tinha por objetivo ameaçar e intimidar os cristãos sinceros. Paulo estava preso. Então eles se aproveitaram da ausência do apóstolo e dos outros obreiros auxiliares de Paulo para exercerem influência nos pensamentos e no afastamento da fé cristã. Mas Paulo apela ao sentimento daqueles cristãos estimulando-os a permanecer firmes sem se deixarem enganar e desanimar. Na verdade, Paulo os estimula a que mantenham a fé genuína e enfrentem de cabeça erguida aos que resistem à mensagem do evangelho. A oposição identificada no seio da igreja vinha de fora da comunidade que abriu caminho para dentro da igreja e passou a influenciar alguns cristãos. Esses opositores eram formados por alguns eruditos perniciosos e itinerantes que, para ganhar espaço no seio da igreja, criticavam o apóstolo Paulo. Porém, o apóstolo eleva a importância do evangelho de Cristo como capaz de produzir em seus corações a vitória da parte do Senhor.

2. O paradoxo de padecer por Cristo Jesus (1.29)

"Porque a vós vos foi concedido, em relação a Cristo, não somente crer nele, como também padecer por Ele" (Fp 1.29). Temos aqui uma magnífica declaração. A voz passiva da frase "vos foi com concedida" atribui todas as coisas que estavam acontecendo à soberana vontade de Deus. Foi Deus quem concedeu a experiência de padecer por Cristo. Os filipenses deveriam confiar no propósito divino e não se deixarem abater pelas experiências amargas das perseguições e privações infligidas contra eles. Na verdade, Paulo transparece em seu pensamento que aquelas provações vêm a eles pela graça de Deus e o resultado final será a vitória em Cristo. A expressão "padecer por Cristo" indicava que esse padecimento implicava coparticipar das aflições de Cristo, numa identificação pessoal com Ele, que antes padeceu por nós. O apóstolo Pedro em sua epístola escreveu: "Alegrai-vos no fato de serdes participantes das aflições de Cristo, para que também na revelação da sua glória vos regozijeis e alegreis" (1 Pe 4.13).

Indiscutivelmente, o versículo 29 une o privilégio de crer, como um ato de coragem, e a graça de padecer por Cristo. Isto é, de fato, um *paradoxo*, cujo sentido pode significar "aquilo que parece contraditório ou que parece contrário ao comum". Pode ser "aquilo que tem aparente falta de nexo ou de lógica". Nos tempos atuais, o pensamento neopentecostal não admite a ideia de sofrer, padecer, ficar doente. A falsa teoria da chamada teologia da prosperidade não admite a ideia de sofrimento. Porém, a Bíblia contradiz essa teoria e ainda desafia o crente a aceitar o sofrimento como uma oportunidade de glorificar a Cristo. É privilégio do cristão sofrer por Cristo por causa da esperança da glória. Essa capacidade de aceitar o sofrimento nesta vida terrena e permanecer fiel ao Senhor Jesus se choca frontalmente com sistema de pensamento mundano. Nenhum ser humano aceita o sofrimento como coisa normal, muito menos transformá-lo numa esperança. Paulo via seus sofrimentos como um serviço que ele fazia para Cristo. Ele tinha consciência desse sentimento porque ouviu a palavra de Ananias de Damasco, que foi à casa onde ele aguardava uma orientação do Senhor. A palavra de Deus para Ananias acerca de Paulo foi esta: "Eu lhe mostrarei quanto deve padecer pelo meu nome" (At 9.16). Essa predição cumpriu-se literalmente na experiência apostólica de Paulo. Todavia, ele aceitou seus sofrimentos como participação nos sofrimentos de Cristo (Fp 3.10). Quando temos uma visão genuína do nosso futuro, não teremos problemas com os sofrimentos presentes na vida terrena. Lucas contou no livro de Atos que os apóstolos foram açoitados e lançados na prisão (At 5.18). Esses apóstolos sentiam-se privilegiados em sofrer por Jesus Cristo. Diz Lucas: "E, chamando os apóstolos e tendo-os açoitado, mandaram que não falassem no nome de Jesus e os deixaram ir. Retiraram-se, pois, da presença do conselho, regozijando-se de terem sido julgados dignos de padecer afronta pelo nome de Jesus" (At 5.40,41). Tudo o que Paulo desejava com os filipenses é que eles enfrentassem seus sofrimentos e afrontas com a alegria de sofrerem pelo nome de Jesus.

3. O combate do evangelho é travado contra inimigos espirituais (1.30)

Como entender essa escritura? O texto diz: "tendo o mesmo combate que já em mim tendes visto e, agora, ouvis estar em mim". A palavra combate ganha um sentido especial nessa escritura porque se tratava de algo no campo espiritual. Os filipenses sabiam perfeitamente o tipo de combate que Paulo teve quando do início da igreja em Filipos (At 16.2; 1 Ts 2.2). Os filipenses também souberam do combate que Paulo teve quando partiu da Macedônia (Fp 4.15). Embora seu combate seja feroz e Paulo enfrente constantes ameaças de morte, o apóstolo não temia entrar nesse combate porque entendia que seu ministério apostólico dependia totalmente de Deus. Nesse sentido, ele apela ao coração dos filipenses no sentido de encorajá-los a que fiquem firmes na fé e tenham a mesma confiança que ele mesmo tinha acerca do cuidado de Deus. Ora, os filipenses estavam engajados no mesmo combate espiritual e, por isso, não deveriam desanimar. No exercício do ministério cristão, estamos num campo de batalha com um combate feroz contra as potestades de Satanás (Ef 6.10-12).

O encorajamento dado pelo apóstolo aos irmãos de Filipos tinha sua base na própria experiência de alguém que pessoalmente havia sofrido e ainda estava sofrendo por amor de Cristo. Que combate era esse? Era um combate promovido por inimigos espirituais para abatê-lo, destruí-lo e neutralizá-lo. Esse combate atingia sua vida física, moral e espiritual. Em outra carta aos Coríntios, Paulo menciona que três vezes havia sido "açoitado com varas" (2 Co 11.25) e uma vez havia acontecido em Filipos, quando havia chegado à cidade para pregar o evangelho (At 16.22,23) — e dessa última experiência os irmãos filipenses eram sabedores. Ele sabia que os irmãos de Filipos estavam sofrendo algum tipo de constrangimento e, por isso, podia dizer que o mesmo sofrimento ele estava vivendo. Certamente, era um consolo para os filipenses saber que Paulo estava sofrendo, mas não havia desanimado nem desistido da sua missão. Estava viva na mente do apóstolo a mensagem divina, quando se encontrou com Cristo: "E eu lhe mostrarei o quanto lhe importa sofrer pelo meu nome" (At 9.16). Essa é a força do evangelho capaz de reagir ao sofrimento para fazer valer o nome do Senhor e a vitória final.

Uma Conduta que Promova a Unidade da Igreja (2.1-4)

A ausência física de Paulo na vida da igreja acabou por provocar várias situações quase que incontroláveis de desunião. Para que a igreja sobrevivesse, a unidade precisava ser preservada. O apóstolo tivera notícias que o preocuparam e, por isso, ele se interessa em fortificar a igreja nos seus fundamentos. Os inimigos externos (1.28), porque vieram de fora, ameaçavam a unidade doutrinária da igreja com influências judaizantes e filosóficas de cristãos que não conseguiram se desvencilhar do passado. Essas pessoas trouxeram discursos que minavam a fé cristã ensinada por Paulo. O apóstolo, então, se volta para a igreja e a trata como uma família que precisava manter os elos familiares. Ele convida os cristãos filipenses a que examinem todas as coisas comparando-as com aquilo que ele havia ensinado do autêntico evangelho de Cristo. Nos tempos atuais, a igreja de Cristo tem sido invadida por falsos pregadores e ensinadores. São obreiros falsos que trazem para o seio da igreja doutrinas falsas que contrariam a sã doutrina cristã.

O apóstolo Paulo, em meio aos seus pensamentos colocados na Carta, deixa de lado o assunto sobre os sofrimentos exteriores — que envolviam perseguições, privações materiais — e focaliza outro tipo de sofrimento que estava afetando a vida da igreja. Alguns acontecimentos internos na vida eclesiástica que estavam prejudicando a unidade da igreja eram do conhecimento do apóstolo, e ele não podia estar presente para dirimir dúvidas e desfazer equívocos.

1. O ardente desejo de Paulo pela unidade da igreja (2.1-3)

O último versículo do capítulo 1 fala de um combate, e Paulo procura fortalecer a igreja contra inimigos externos que, de algum modo, estavam afetando a unidade da igreja. Como uma igreja poderá conseguir unidade quando se depara com pessoas com atitudes contenciosas, egoístas e cheias de vã-glória, divergindo e contestando as doutrinas ensinadas por Paulo? Eram pessoas pretensiosas, que divergiam do pensamento central do cristianismo, que é o Senhor Jesus Cristo, insuflando mistura de doutrina cristã com filosofias? Paulo refuta esses falsos conceitos que visavam promover a discórdia entre os irmãos e dispersá-los da convivência e da comunhão fraternal. O apóstolo apela ao bom senso dos cristãos de Filipos e pede que tenham um mesmo sentimento e um mesmo parecer (2.2). A unidade será preservada se todos tiverem o mesmo amor que produz harmonia, unidade e um mesmo sentimento.

2. Mantendo a presença interior do Espírito (2.1-4)

O apelo à manutenção da comunhão do Espírito reforçava o fato de que eles haviam recebido o Espírito, que vivia dentro deles, e, por isso, deveriam tomar uma atitude de manter a unidade e cultivar a união de pensamento em relação ao que aprenderam do evangelho. A despeito de os seres humanos serem de culturas e temperamentos diferentes, podiam partilhar o mesmo sentimento que também houve em Cristo Jesus. Paulo escreveu: "Que haja em vós o mesmo sentimento que houve também em Cristo Jesus" (Fp 2.5). A presença interior do Espírito implica a lembrança de que Jesus é o Senhor sobre todas as coisas. Sua presença dentro do crente é a garantia de que a obra de Cristo foi perfeita e completa. Sua presença em nós promove a paz e a união no seio da igreja. A lealdade a Cristo torna-se o fruto dessa presença que nos faz obedecer à sua Palavra, o novo mandamento deixado por Ele (Jo 13.34,35).

"... se há algum conforto em Cristo" (2.1). O termo grego *paraklesis* no Novo Testamento é traduzido por alguns vocábulos como "conforto", "consolo" ou "exortação". A palavra "conforto", como está na ARC, aparece também na ARA como "exortação", e ambas dão a ideia de encorajamento ou apoio nas lutas da vida (At 9.31). Várias ideias estão associadas à palavra grega no Novo Testamento. Esse termo grego aparece no Novo Testamento como um dom espiritual (Rm 12.8) e, também, como um modo de instruir e estimular a fé (1 Tm 4.13; Hb 12.5). Em outros textos, aparece como consolo ou conforto (Lc 2.25; At 15.31; Rm 15.4,5; 2 Co 1.3,5-7). Paulo usa a palavra *paraklesis* com o sentido de lembrar algo recebido. Paulo pede e admoesta os filipenses a que vivam em união e trabalharem juntos em toda a obra do evangelho e em perfeita harmonia. O conforto em Cristo é produzido pelo Espírito Santo na vida da igreja. Por isso, não poderia haver rancores e mágoas nos corações.

"... se alguma consolação de amor" (2.1). A base do consolo em Cristo é o amor. Sem amor é impossível absorver o consolo espiritual, porque o amor de Cristo constrange e move a nossa vida, como o próprio apóstolo estava convencido disso ao declarar aos coríntios: "Porque o amor de Cristo nos constrange" (2 Co 5.14). Para a mente de Paulo, o amor que Jesus Cristo nutre pela sua

Igreja deve impelir a que todos vivam dignamente. O amor de Cristo nos constrange, no sentido de que as divisões e facções são desfeitas para que haja união de sentimentos.

"... se alguma comunhão no Espírito" (2.1). O princípio que unifica a igreja é a comunhão do Espírito no corpo de Cristo, a sua Igreja. Por outro lado, estava indicando que a presença do Espírito na vida interior de cada crente é um fato consumado na experiência cristã. Por isso, com a ajuda do Espírito, podemos superar todas aquelas atitudes que roubam a humildade e o relacionamento sadio com todos os irmãos. A comunhão no Espírito anula o individualismo e cria uma nova vida em comum no seio da igreja. A mutualidade e a cooperação entre todos são elementos vitais que a comunhão no Espírito produz.

"... se alguns entranháveis afetos e compaixões" (2.1). No texto da ARA está assim: "se há entranhados afetos e misericórdias", indicando que se tratava de um forte e caloroso amor, especialmente aquele amor demonstrado pelos filipenses ao apóstolo. Havia uma relação de afeto da parte da igreja de Filipos por Paulo e pela sua situação como preso em Roma, por isso, preocupavam-se com ele em sua prisão. E Paulo, reciprocamente, demonstra o mesmo amor e afeto pelos filipenses e todas as igrejas da Macedônia.

A palavra "afetos" aparece no grego como *splanchnon*, que no sentido figurado significa "piedade ou simpatia, solidariedade". Esses termos definem as palavras: afeto, entranhas, graça, misericórdia. "Entranhas" sugere a sede da vida emocional. No capítulo 1.8, Paulo fala de seu amor pelos filipenses: "Porque Deus me é testemunha das saudades que de todos vós tenho, em entranhável afeição de Jesus Cristo". Ao referir-se ao amor de Cristo, Paulo fazia uma conexão desse amor para com Ele e para com os filipenses. Esse amor é algo palpável e sentido. Não é nada platônico, intocável, teórico. É entranhável pelo Espírito Santo.

A palavra "compaixões" aparece em outras versões como "misericórdias", cujo sentido se trata daquele sentimento que descreve a emoção e a sensibilidade para com os necessitados.

A compaixão deveria guardar aos cristãos da desunião. William Barclay, em seu *Comentario al Nuevo Testamento*, declarou: "A desunião rompe a estrutura essencial da vida". Ele também disse que "os homens não foram criados para ser como lobos rosnando uns com os outros, sim para viver em harmonia".

"... completai o meu gozo" (2.2) não tinha um caráter egoísta da parte do apóstolo, mas era um estímulo a que experimentassem o mesmo gozo que produzia um sentimento de segurança e esperança de que esse gozo resultaria no gozo da vida eterna. Paulo se dirige aos filipenses dizendo-lhes da sua alegria por eles, mas estimula e pede a eles que completem seu gozo (alegria, regozijo) demonstrando, em contrapartida, "o mesmo sentimento" ou "o mesmo amor". Que amor é este? Não se trata do mero sentimento que sentimos pelas pessoas, mas era algo especial da parte de Deus. A bíblia declara que Deus derramou seu amor em nossos corações através do Espírito Santo (Rm 5.5). Ora, por esse modo, podemos amar as pessoas independentemente de elas nos amarem ou não. Quando amamos com o amor de Cristo aprendemos a ver os valores das pessoas e não apenas seus defeitos.

"Nada façais por contenda ou por vanglória" (2.3). A exortação paulina conscientizava ao cristão filipense, e a tantos quantos são membros do corpo de Cristo, que o membro nada fará no seio da igreja de forma isolada, "por contenda ou por vanglória", isto é, por ambição egoísta ou por presunção. Essas duas posturas, egoísmo e presunção, são antagônicas diretamente à comunhão com Cristo. Certa feita Jesus, falando aos discípulos e exemplificando fatos a eles, disse-lhes: "Mas entre vós não será assim" (Mc 10.43). Tudo o que possa ser prejudicial ao convívio fraternal deve ser extirpado na vida cristã cotidiana dos crentes em Cristo.

Naturalmente, as pessoas perniciosas que estavam no seio da igreja influenciando os irmãos fiéis a se debaterem por causa de cargos ou funções tinham que ser alijados da comunhão. O espírito de Diótrefes, que lutava pela primazia no seio da igreja, sem respeitar os princípios de autoridade que devem nortear a vida de uma igreja, tem que ser reprimido (3 Jo 9). O conselho de Paulo era para que os irmãos evitassem os que contendiam por primazia, por questões de orgulho, que é algo que surge da mesma raiz de vanglória. O que caracteriza o cristão é a humildade, que é uma qualidade que se opõe ao orgulho. A Bíblia diz que Deus dá graça aos humildes (Pv 3.34; Tg 4.6; 1 Pe 5.5).

"Não atente cada um para o que é propriamente seu" (2.4). Nessa exortação, o apóstolo Paulo procura inculcar na mente dos cristãos que o espírito egoísta contradiz o espírito cristão, cujo padrão de vida baseia-se no amor ao próximo. Antes de querer pensar apenas nas minhas coisas, nos meus interesses, devo pensar em ser útil às pessoas nos seus interesses. A convivência com os irmãos da mesma fé requer de cada cristão uma boa dose de humildade e desprendimento. O meu crescimento não pode prejudicar o crescimento dos demais. Os meus dons não são para o usufruto meu, mas devem ser úteis à comunidade. Os que buscam primazia no seio da igreja com atitudes egoístas se esquecem do princípio deixado por Jesus: "E qualquer que, dentre vós, quiser ser o primeiro será servo de todos"(Mc 10.44).

Na ética cristã, aprendemos um princípio básico em relação às pessoas que é o de, primeiro, pensar nos outros no sentido de ajudar. A expressão "levai as cargas uns dos outros" faz parte da filosofia de relações humanas ensinada por Jesus. O exemplo de Cristo é sempre o argumento forte do apóstolo nas relações éticas (Rm 14.1-3). O Espírito ajuda o crente a evitar todo partidarismo, egoísmo e vanglória, produzindo no seu coração um sentimento de respeito e amor pelos demais irmãos da mesma fé (v. 4).

Capítulo 4

O Exemplo de Humildade de Cristo

Filipenses 2.5-11

A humildade precede a exaltação, e Cristo foi o modelo ideal para todas as pessoas.

> De sorte que haja em vós o mesmo sentimento que houve também em Cristo Jesus, que, sendo em forma de Deus, não teve por usurpação ser igual a Deus. Mas aniquilou-se a si mesmo, tomando a forma de servo, fazendo-se semelhante aos homens; e, achado na forma de homem, humilhou-se a si mesmo, sendo obediente até à morte e morte de cruz. Pelo que também Deus o exaltou soberanamente e lhe deu um nome que é sobre todo o nome, para que ao nome de Jesus se dobre todo joelho dos que estão nos céus, e na terra, e debaixo da terra, e toda língua confesse que Jesus Cristo é o Senhor, para glória de Deus Pai. (Fp 2.5-11)

O tema deste capítulo é a humildade. Paulo apela aos sentimentos dos cristãos de Filipos para que tenham essa qualidade como um modo de vida exemplificada em Cristo. Neste texto temos o destaque de duas atitudes de Cristo — humildade e obediência — como manifestações de sua humanidade. No texto de 1.27, Paulo coloca a pessoa de Jesus Cristo como o grande modelo de homem como exemplo para sua vida pessoal no modo de agir e pensar. O texto de Filipenses 2.5-11 vislumbra a perfeita divindade de Jesus Cristo reivindicada ainda como homem na sua oração feita uma semana antes de realizar seu sacrifício no Calvário. O texto nos faz entender que Ele existiu como o Filho eterno de Deus, participando de sua glória junto do Pai antes de sua humanidade. Sem intenção didática da parte do apóstolo, ele destacou na sua carta as duas naturezas de Cristo e apresentou-as nessa escritura reafirmando essa doutrina como genuína na Bíblia. Como Filho de Deus, Jesus não discutiu sua filiação ao Pai, mas espontaneamente abriu mão de sua glória de divindade para assumir a natureza humana e por ela salvar o mundo dos seus pecados. Ao assumir a natureza humana, nascendo de mulher, Ele fez-se homem verdadeiro. Ele nunca deixou de ser Deus, mas, ao assumir sua humanidade, nascendo de mulher e gerado pelo Espírito Santo, Ele assumiu, de fato, o papel de servo, humilhando-se e tornando-se obediente até a morte na cruz. Ele fez tudo isso para salvar o homem dos seus pecados. Por sua obediência e humildade, o Pai Eterno o exaltou à glória celestial depois de sua vitória sobre a morte e o túmulo, ressuscitando gloriosamente. Esse texto apresenta não só a sua humilhação, mas também a sua exaltação perante o Pai depois de sua vitória no Calvário.

Sua Divindade: O Estado Eterno Pré-Encarnação (2.5,6)

1. Ele deu o exemplo maior de humildade (2.5)

O versículo 5 expõe de modo especial e apropriado a encarnação de Cristo, que é a manifestação do amor divino pela humanidade. As admoestações de caráter pastoral destacam o amor misericordioso de Cristo manifestado em sua encarnação. No versículo 2, por exemplo, lê-se a exortação paulina : "tendo o mesmo amor", referindo-se ao amor manifestado em e por Cristo.

Entretanto, no versículo 5, o texto grego destaca a palavra phroneo, referindo-se a "sentimento, pensamento". A exortação paulina é para que a igreja tenha "o mesmo sentimento" ou que tenha a mesma "atitude" de Cristo Jesus. Na verdade, essa exortação é para que a igreja desenvolva uma relação de comunhão entre os irmãos. Esse sentimento equivale a mais que uma atitude individual que possamos ter. É mais que uma imposição. É um estado de vida, ou seja, uma maneira nova de viver em Cristo participando do seu corpo, a Igreja. Assim como a vida do sangue que percorre todo o corpo deve ser a vida de comunhão dos membros do corpo de Jesus.

Qual é o sentimento demonstrado por Jesus? Ele o demonstrou mediante a sua encarnação (Jo 1.14). Ora, sua encarnação representou seu esvaziamento de divindade para assumir 100% a humanidade. Foi por essa demonstração que constatamos a sua humildade. Ele é o modelo perfeito de humildade. Ele mesmo disse certa feita: "Aprendei de mim, que sou manso humilde de coração" (Mt 11.29). Ele havia se humilhado, revestindo-se de nossa natureza humana e, também, humilhando-se ao papel de servo nesta natureza. O apóstolo Paulo apela a que os filipenses tenham o mesmo sentimento demonstrado por Jesus. Ora, que sentimento era esse? O sentimento de tudo fazer por amor a Deus e ao mundo das criaturas na terra. Ele subsistia em forma de Deus (v. 6).

2. "que, sendo em forma de Deus" (2.6)

O texto destaca a palavra "forma", sugerindo ser aquilo que tem uma configuração, uma semelhança. Porém, em relação a Deus, o seu significado, de fato, refere-se à forma essencial da divindade. A forma de Deus em Jesus é inalterável, porque a sua essência pertence à divindade e é imutável. A forma verbal da palavra "sendo" aparece em outras versões como subsistir, ou existir, ser por natureza ou pela própria constituição: "subsistia em forma de Deus". Paulo estava se referindo ao estado de Cristo antes de vir a este mundo e assumir sua humanidade. Vários textos bíblicos comprovam a pré-existência de Cristo (Jo 1.1-3; 3.13; 17.5; 2 Co 8.9; Cl 1.15-17; Hb 1.1-3).

Esta "forma de Deus" pressupõe sua deidade, existindo ou subsistindo, original e eternamente como Deus. Ele subsiste eternamente em forma de Deus e, temporariamente, assumiu a "forma de servo" (Fp 2.7).

3. Ele era igual a Deus (2.6)

"Que, sendo em forma de Deus, não teve por usurpação ser igual a Deus." Jesus não precisava provar que era Deus e, assumindo a forma de homem, sabia que seu estado de humilhação não ofendia a divindade. Isso revela que sua divindade é pré-existente. Ele não renunciou de modo nenhum sua divindade na encarnação. Em todo o transcurso de sua vida terrena, conservou total e completamente a natureza divina e todos os atributos essenciais de sua Pessoa na Trindade. Em sua encarnação, Jesus conservou todos os seus atributos. O ato de "esvaziar-se" (do grego kenosis) não significa que Ele tenha abandonado seu direito de divindade, mas que não usou seus atributos de divindade enquanto "filho do homem". O pastor e teólogo Esequias Soares escreveu em seu livro *Cristologia — A Doutrina de Jesus Cristo*: "Quando Jesus estava na terra, não se apegou às prerrogativas da divindade para vencer o Diabo, mas aniquilou-se a si mesmo, fazendo-se semelhante aos homens. Como homem, tinha certa limitação em tempo e espaço e, portanto, submisso ao Pai. Eis a razão de Ele ter dito em João 14.28: 'O Pai é maior do que eu'" (p. 49).

Cristo era, e ainda é, igual a Deus, o Pai, não no sentido de ser a mesma pessoa, mas o de ter a mesma natureza e a mesma glória (Jo 17.5). O texto diz que "ele não julgou como usurpação ser igual a Deus". Significa que Ele não considerou a sua igualdade divina com o Pai como algo que quisesse reter para si. Ele não agiu egoisticamente, pensando apenas em si mesmo. Ele preferiu esvaziar-se de sua glória divina para assumir a natureza humana a fim de salvar a todos. Os religiosos radicais de Jerusalém procuravam matar Jesus porque Ele se identificou como "sendo igual a Deus". Ao seu discípulo Filipe, Jesus afirmou a sua igualdade ao Pai (Jo 14.9-11). Jesus é chamado Deus em vários textos, como: João 1.1; 20.28; Hebreus 1.8; Tito 2.13; Apocalipse 21.7.

4. Ele não teve por usurpação ser igual a Deus (2.6)

A escritura do versículo 6 da ARC diz literalmente: "que sendo em forma de Deus". Em outra versão, a escritura fica ainda mais clara, quando diz: "o qual, embora sendo Deus, não considerou que o ser igual a Deus era algo a que devia apegar-se". Uma melhor tradução do original sugere o texto do seguinte modo: "o qual, existindo e subsistindo em forma de Deus". Todas essas traduções não modificam o sentido original e a essência doutrinária do texto. Antes, contribuem para entendermos que Cristo, sendo Deus, fez-se homem. Portanto, possuidor de duas naturezas: a divina e a humana. Ainda antes da encarnação, em seu estado de glória divina, a humildade de Jesus, como Filho do Deus Altíssimo, revelou a força do propósito maior da Divindade, que era o de salvar a humanidade, necessitando seu esvaziamento de glória divina para encher-se da glória humana. Ele não precisava buscar ser igual a Deus porque Ele era Deus. O que se destaca nessa atitude de Cristo é o seu desejo de resgatar o homem dos seus pecados e, para tanto, Ele não exigiu nem se apegou a seus direitos de divindade, mas colocou de lado seu poder e glória, ocultando-se sob a forma de homem. Ele voluntariamente se humilhou e assumiu a forma humana para resgatar o homem.

Sua Encarnação: O Estado Temporal de Cristo (2.7,8)

1. Ele esvaziou-se a si mesmo (2.7)

Na sua encarnação aconteceu a maior demonstração de humildade de Cristo. Ele "aniquilou-se" a si mesmo. No lugar da palavra "aniquilar", aparece na língua grega do Novo Testamento a palavra original kenoo, que significa "esvaziar, ficar vazio". A tradução esvaziar aclara melhor que aniquilar, que significa "reduzir a nada" ou "anular". Os significados vários aclaram a expressão "esvaziou-se". Ele a si mesmo esvaziou-se, despojou-se, privou-se da glória de divindade para tomar a forma de homem. Ele não se esvaziou da essência da sua divindade, mas esvaziou-se dos atributos de sua divindade para poder manifestar-se como "homem". Esse esvaziamento não significou abdicação ou rejeição àquilo que sempre lhe pertenceu. Ele tão somente fez sua kenosis sem perder o direito de reassumir sua divindade depois de sua conquista maior: a salvação do homem pecador. A cruz foi o marco maior de sua humilhação como homem, porque Ele entendeu que o mistério do amor divino seria revelado plenamente quando Ele, sendo Deus, se tornasse igual ao homem, entrasse na sua estrutura pessoal e moral, para sentir o seu sofrimento e poder salvá-lo mediante sua obra expiatória. Precisamos entender que, em seu estado de humilhação, jamais Ele se despojou de sua divindade. Ao esvaziar-se, Ele despojou-se das glórias e das prerrogativas da divindade. Ele não trocou a sua natureza divina pela natureza humana, mas renunciou às prerrogativas inerentes de sua divindade para assumir 100% as prerrogativas humanas. Ele não fez de conta que era homem. Ele foi 100% homem, como era 100% Deus. Ele, que era bendito eternamente, se fez maldição por nós (Gl 3.13). Ele levou sobre o seu corpo, no Calvário, todos os nossos pecados (1 Pe 2.24).

2. Ele se fez semelhante aos homens (2.7)

Quando lemos a frase do texto que Ele fez-se "semelhante aos homens" precisamos, à luz do contexto da Cristologia, entender que a palavra semelhança em relação a Cristo não significa "um faz de conta", ou que tenha sido apenas uma semelhança de humanidade, e não humanidade real. No final do primeiro século da Era Cristã, surgiu uma doutrina herética denominada docetismo, da palavra dokesis, que significa "semelhança". Essa doutrina herética visava destruir os alicerces da doutrina de Paulo sobre Cristo, para negar que "Jesus veio em carne". Paulo combateu com todas as suas forças essa heresia ensinando que Jesus era verdadeiramente homem, "nascido de mulher" (Gl 4.4), e que foi crucificado, experimentando uma morte terrível. A expressão "fazendo-se" indica o fato de ter sido 100% homem, como todos os demais homens. O apóstolo Paulo escreveu aos Gálatas 4.4 que

"Deus enviou seu Filho, nascido de mulher", indicando que Jesus, em sua humanidade, é consubstancial com o homem e pertence à ordem das coisas assim como Adão foi criado. A diferença de Jesus como homem e os demais homens está no fato de que Ele foi gerado pelo Espírito Santo. Por isso, Ele é "verdadeiramente homem e verdadeiramente Deus".

3. Ele humilhou-se a si mesmo (2.8)

A expressão de que Ele "humilhou-se a si mesmo" tem o testemunho da história de que a sua vida inteira, da manjedoura ao túmulo, foi marcada por genuína humanidade. Depois da humilhação da encarnação, Ele ainda sujeitou-se a ser perseguido e sofrer nas mãos dos incrédulos (Is 53.7; Mt 26.62-64; Mc 14.60,61). Foi, de fato, uma auto-humilhação! Uma decisão espontânea da sua parte. Ele submeteu-se a tudo isso porque não perdeu o foco de sua missão expiatória. O que importava para Ele era cumprir toda a justiça de Deus em relação ao pecado.

4. Ele foi obediente até a morte e morte de cruz (2.8)

O autor da Carta aos Hebreus escreveu que Cristo se sujeitou à morte "para que, pela morte, aniquilasse o que tinha o império da morte, isto é, o diabo, e livrasse todos os que, com medo da morte, estavam por toda a vida sujeitos à servidão" (Hb 2.14,15). A morte de cruz foi o clímax da humilhação que Jesus suportou, constituindo-se na vergonha maior que um condenado podia passar. Entretanto, a Bíblia é clara quando diz que essa morte foi necessária para que Ele pudesse vencê-la no túmulo ao ressuscitar ao terceiro dia, abolindo sua força condenatória, e pela ressurreição trazer a luz e a incorrupção. Paulo escreveu a Timóteo que Cristo "aboliu a morte e trouxe à luz a vida e a incorrupção, pelo evangelho" (2 Tm 1.10).

Sua obediência era exclusiva à vontade de Deus, mesmo que essa vontade apontasse para a morte de cruz. Na sua angústia, antes de enfrentar o Calvário, no Getsêmane, Ele submeteu-se totalmente a Deus e acatou a vontade soberana do Pai ao dizer: "Não se faça a minha vontade, mas a tua" (Lc 22.42). Ele desceu ao ponto mais baixo de sua humilhação ao enfrentar o Calvário e a morte de cruz. Ele sofreu tudo que a palavra "morte" significa para nós. Passando pela dor e participando do Hades, o estado dos mortos (At 2.31) que não é a sepultura. A morte de cruz era símbolo da própria maldição (Dt 21.22,23), mas Cristo nos resgatou da maldição "fazendo-se ele próprio maldição em nosso lugar" (Gl 3.13, ARA).

Sua Exaltação: Sua Conquista Final (2.9-11)

É interessante notar que nos versículos 6 a 8 temos a descrição do caminho da humilhação do Filho de Deus, quando Ele mesmo desce ao ponto mais baixo de humilhação que um homem poderia descer. Entretanto, nos versículos 9 a 11, Paulo descreve o caminho para cima, quando Jesus é exaltado gloriosamente e ascende ao Pai e é feito Senhor sobre todas as coisas. Nesses versículos (9 a 11), temos a demonstração vitoriosa da humildade de Cristo. A recompensa da sua humilhação foi a exaltação perante toda a criação.

1. Deus o exaltou soberanamente (2.9)

Sua abnegação anterior o fez apto para conquistar o "status" de vencedor e Senhor, porque cumpriu o eterno propósito do Pai de formar um novo povo que serviria a Deus, que é a sua Igreja. A Bíblia diz que Ele foi nomeado "príncipe e Salvador" (At 5.31) e o colocou acima de tudo (Ef 1.20-22). Aquele que havia se esvaziado de todas as prerrogativas de divindade, depois de sua vitória final sobre o pecado, a morte e o túmulo é finalmente glorificado, isto é, exaltado pelo próprio Pai. O caminho para a exaltação passou pela humilhação e Ele alcançou a meta final com a coroação de glória, tornando-se herdeiro de tudo (Hb 1.3; 2.9; 12.2). No caminho da exaltação estavam a sua ressurreição e ascensão. Na semana que antecedia seu padecimento no Calvário, Jesus reuniu seus discípulos para dar-lhes as últimas instruções relativas ao futuro deles representando o seu nome perante o mundo, e fez uma das orações mais belas e emocionantes. Ele orou pelos seus discípulos para que fossem guardados do mal. Orou pelo futuro deles como igreja e orou por si mesmo ao Pai. Nessa oração de caráter pessoal, Jesus reivindicou do Pai a glória que tinha antes de vir a este mundo (Jo 17.5). Ele não tinha dúvida alguma quanto à sua vitória sobre o Diabo, sobre a morte e o túmulo, bem como sabia que ao final seria exaltado gloriosamente. Além de João, em seu Evangelho, outros escritores do Novo Testamento escreveram da realidade da exaltação de Jesus afirmando que Ele foi exaltado à destra do Pai (At 2.33; Hb 1.3). Paulo usou a mesma expressão "assentado à destra do Pai" (Rm 8.34; Cl 3.1). Essa expressão é derivada de Salmos 110.1 numa alusão ao rei Davi, que metaforicamente é convidado para partilhar o trono de Deus. Jesus foi chamado "filho de Davi" para relacionar o trono de Davi com o seu trono de glória.

2. Deus, o Pai, lhe deu um nome que é sobre todo nome (2.9)

Que nome era esse concedido a Jesus Cristo? No primeiro século da Era Cristã, a ideia de se proclamar um senhor restringia-se ao imperador, que se identificava como Senhor e Deus! Quando os apóstolos começaram a pregar a Cristo, não o apresentaram apenas como Salvador, mas, especialmente, como Senhor. Ora, esse título confrontava a presunção e vaidade do imperador de Roma, porque os cristãos identificavam e reconheciam que a única autoridade para salvar e comandar um novo reino era Jesus. Tanto é verdade que o Novo Testamento se refere a Jesus como Salvador 16 vezes apenas e como Senhor mais de 650 vezes. O kerigma da igreja anunciava o senhorio de Cristo. Perante Ele o mundo precisava ajoelhar-se, mas nos tempos atuais percebemos uma inversão na postura da igreja. Tristemente, as pessoas querem um Salvador, mas não querem um Senhor. Querem a coroa, mas rejeitam a cruz. Porém, a proclamação deve ser a de Senhor, porque Deus Pai o fez Senhor.

O teólogo Ralph Herring escreveu sobre a exaltação de Cristo e declarou que "os dois elementos desta exaltação são a outorga de um nome, conquistado agora que o homem Cristo Jesus juntou o curso de vida da raça humana ao de Deus (v. 9), e o reconhecimento desse nome por parte de todas as inteligências criadas, tanto das que no céu, como das que estão na terra e debaixo da terra (vv. 10,11)".

A principal designação dada por Deus ao seu Filho foi a de "Senhor" em seu sentido mais nobre e sublime. No grego do Novo Testamento aparece o termo kurios, que é usado de modo especial, porque Jesus representaria o nome pessoal do Deus Todo-Poderoso. O nome "Jesus" ganhou o status de "Senhor" e, por decreto divino, foi elevado acima de todo nome. O próprio Jesus declarou certa feita aos seus discípulos que o Pai faz do Filho juiz universal "para que todos honrem o Filho, como honram o Pai. Quem não honra o Filho não honra o Pai, que o enviou" (Jo 5.23).

3. Deus, o Pai, propiciou para que ao nome de Jesus se dobre todo joelho... (v. 10)

É interessante notar, no contexto das atribuições divinas, que em Isaías 45.23 o Deus de Israel havia declarado que não partilharia seu nome nem sua glória com outrem, mas diz de modo explícito: "diante de mim se dobrará todo joelho, e por mim jurará toda língua". No texto de Filipenses, a mesma declaração é repetida em relação a Jesus, quando diz: "para que ao nome de Jesus se dobre todo joelho". O nome de Jesus não é apenas honrado e glorificado perante toda a criação, mas lhe é designado que todo joelho se dobre diante dEle. No ato de dobrar os joelhos diante de alguém está o reconhecimento de superioridade e senhorio. Escatologicamente, essa mesma expressão aparece na visão que o apóstolo João tem no céu. Ele viu os seres celestiais ao redor do Trono de Deus prostrando-se perante o Cordeiro divino e vitorioso, e cânticos de celebração são entoados pela dignidade do Cordeiro (Ap 5.6-14). O nome de Jesus é a autoridade máxima da vida da igreja. Por isso, quando oramos, cantamos, louvamos e adoramos a Ele, estamos, de fato, reconhecendo sua soberania. Todas as coisas, animadas e inanimadas, estão debaixo da sua autoridade e não podem se esquivar do seu senhorio ou negá-lo.

O texto diz que o dobrar dos joelhos aconteceria "nos céus, na terra, e debaixo da terra" (2.10). Mas o que se entende por "debaixo da terra"? A expressão refere-se ao mundo dos mortos, o Sheol-Hades onde as almas e espíritos dos mortos estão conscientes. Essa expressão tem um sentido metafórico; por isso, não se refere às sepulturas físicas, mas ao mundo espiritual, onde as almas e espíritos dos mortos aguardam a ressurreição de seus corpos. Alguns teólogos afirmam que esse lugar "debaixo da terra" é figurado, mas pode se referir à habitação dos maus espíritos, ou seja, dos anjos que se tornaram demônios e que por sua desobediência "não guardaram o seu principado", razão por que estão reservados na escuridão para o Juízo Final (Jd 6). A maioria dos teólogos concorda e prefere a ideia de que se trata das almas e espíritos dos mortos que estão no Sheol-Hades (Ap 5.13).

4. "E toda boca confesse que Jesus Cristo é o Senhor" (2.11)

O cristianismo só tem valor por aquilo que crê. A confissão de que Jesus Cristo é o Senhor se constitui no ponto convergente da igreja (Rm 10.9; At 10.36; 1 Co 8.6). O credo da Igreja implica na sua confissão pública sobre Jesus Cristo, o Senhor da Igreja. Essa escritura mostra que a exaltação de Cristo é uma exaltação que deve ser proclamada universalmente. "Toda língua confesse" (v. 11) implica que o evangelho seja pregado em todo o mundo e cada crente proclame o nome de Jesus como o nome que é sobre todo nome.

> **Cristo comprovou o valor da humildade e espera que nós, seus servos, sejamos inspirados com o desejo de seguir o seu exemplo.**

Capítulo 5

Desenvolvendo a Salvação Recebida

Filipenses 2.12-18

A salvação é obra de Deus e a sua manutenção é nossa e do Espírito Santo.

De sorte que, meus amados, assim como sempre obedecestes, não só na minha presença, mas muito mais agora na minha ausência, assim também operai a vossa salvação com temor e tremor; porque Deus é o que opera em vós tanto o querer como o efetuar, segundo a sua boa vontade. Fazei todas as coisas sem murmurações nem contendas; para que sejais irrepreensíveis e sinceros, filhos de Deus inculpáveis no meio duma geração corrompida e perversa, entre a qual resplandeceis como astros no mundo; retendo a palavra da vida, para que, no Dia de Cristo, possa gloriar-me de não ter corrido nem trabalhado em vão. E, ainda que seja oferecido por libação sobre o sacrifício e serviço da vossa fé, folgo e me regozijo com todos vós. E vós também regozijai-vos e alegrai-vos comigo por isto mesmo. (Fp 2.12-18)

A salvação é perfeita juridicamente em relação ao que Cristo fez no Calvário ao pagar a pena do nosso pecado. Porém, ela é dinâmica e progressiva no que se refere a mantê-la através da santidade de vida. A consumação de nossa salvação está na dependência de Deus. Por isso, a salvação, quanto ao ato penal, é perfeita e completa, mas quanto a sua preservação é condicional. Pode-se perder a salvação, caso não seja preservada através de uma vida santa e dedicada ao Senhor. A obediência ao evangelho de Cristo é um modo de garantir a salvação.

A partir da escritura do versículo 12, o apóstolo Paulo expressa o sentimento do seu coração no sentido de que a obediência dos filipenses não dependesse da sua presença física em Filipos. O apóstolo deseja que os filipenses entendam que a salvação é dinâmica, ativa e contínua, no sentido de que cada cristão deve procurar desenvolver sua vida cristã em santidade e obediência. Quando ele exorta, dizendo: "operai a vossa salvação", não está ensinando, em absoluto, uma salvação pelas obras. O versículo 13 esclarece bem essa questão: "Porque Deus é o que opera em vós tanto o querer como o efetuar".

A doutrina da Salvação ganha espaço nos pensamentos do apóstolo Paulo no texto em destaque. Paulo refuta a ideia de uma salvação estática ou elitista, baseada apenas no direito divino de eleger a quem Ele quer, dos calvinistas. Esta última ideia entende que o eleito não corre o risco de perder sua salvação. Porém, o texto apresenta a obra da salvação de modo dinâmico. O que dá importância a este pensamento é a forma plural do verbo *operar* ou do verbo *desenvolver*. Na ARC temos o imperativo "operai", e na ARA temos o mesmo imperativo "desenvolvei". Isso não sugere que a obra justificadora de uma pessoa diante de Deus precise de alguma obra complementar, como se estivesse incompleta a obra que Jesus fez por todos os pecadores. O verbo dá um sentido dinâmico à salvação.

Como podemos entender a obra de salvação como doutrina? Paulo entendeu e ensinou a doutrina dimensionando-a em três tempos distintos: a obra no passado com a justificação do pecador mediante sua fé em Cristo; a obra presente da salvação mediante a santificação como um processo contínuo e crescente do crente na presença de Deus; e em terceiro lugar, a obra futura da salvação mediante a glorificação, ou seja, o estado de glória conquistado na vida além-túmulo. Ora, o sentido dinâmico da salvação é demonstrado pela forma verbal do verbo "operar", porque o crente pode crescer em Cristo Jesus (Ef 4.15,16).

Neste ensinamento, o apóstolo Paulo retoma a exortação apostólica e enfatiza a obediência dos filipenses, que também caracterizou Cristo em sua vida terrena. Ele destaca essa virtude da obediência de Cristo demonstrada nos versículos 5 a 11 para que os crentes em Cristo o tivessem como exemplo. Paulo não duvida da obediência dos filipenses, mas fortalece a ideia de que a obediência é o caminho do aperfeiçoamento da salvação recebida. A forma imperativa do verbo "operar" pode ser entendida, por "desenvolver". Desenvolver o quê? A salvação! A salvação que é uma obra dinâmica na vida do crente. Paulo sentia liberdade para falar e exortar aos filipenses, reafirmando sua autoridade apostólica para com eles e estimulando-os a desenvolver a salvação.

O Apelo para Desenvolver a Salvação (2.12)

1. A salvação tem um caráter dinâmico

O texto do versículo 12 diz: "operai a vossa salvação". O verbo operar sugere a ação de fazer, de movimentar, a salvação recebida. Envolve uma dinâmica de desenvolvimento da nova vida recebida. O princípio que rege o desenvolvimento da salvação é a obediência. Paulo lembra o exemplo maior de obediência de Cristo como um estímulo a que façamos o mesmo. Teologicamente, a salvação tem três tempos distintos na sua operação. O primeiro tempo refere-se à obra da salvação realizada, completa e perfeita no Calvário. É a salvação da pena do pecado que Jesus pagou por todos nós. O segundo tempo da salvação refere-se à dinâmica da salvação que se efetua no dia a dia de forma progressiva. É a salvação do poder do pecado que age em nosso redor e em nossa natureza pecaminosa para que percamos a salvação. O terceiro tempo da salvação é futuro, e se refere à salvação do corpo do pecado, na morte física ou no Arrebatamento da Igreja.

2. A exortação para operar a salvação recebida (2.12)

A doutrina de "uma vez salvo, salvo para sempre" não dá espaço para desenvolver a salvação. Na realidade, ela tem um caráter de estagnação. Porém, o verbo, no imperativo — "operai" da ARC ou "desenvolvei" da ARA — coloca em movimento a vida cristã. A ideia de "uma vez salvo, salvo para sempre" anula a importância da igreja, que existe para "desenvolver" a salvação recebida em Cristo. O imperativo verbal "desenvolvei" tem o sentido de levar a bom termo, ou de completar algo que está por terminar. A obra salvadora realizada é perfeita e completa quanto ao seu aspecto jurídico e penal, porque Cristo cumpriu toda a lei exigida. Porém, essa obra perfeita e completa de Cristo requer, também, ação exterior em termos de atividade espiritual e social na vida comunitária da igreja. A salvação, da parte de Deus, foi operada interiormente pelo mérito da obra do Calvário. Porém, o sentido de "operar a própria salvação" refere-se à demonstração dessa salvação fazendo a obra de Deus e cuidando-se de modo a torná-la firme até o dia final, quando estaremos para sempre com o Senhor.

3. O poder da obediência (v. 12)

O apóstolo Paulo coloca o verbo obedecer no pretérito passado ("obedecestes") para reforçar o fato de que a obediência é o elemento essencial para manter a salvação recebida. De certo modo, Paulo dá testemunho da obediência dos filipenses quando diz: "sempre obedecestes". Tratava-se de uma obediência espontânea, não vigiada, quando Paulo estava presente e agora quando ele está ausente. Nesta escritura do versículo 12, o cristão é estimulado a movimentar a sua salvação, no sentido de continuar no caminho da obediência. A obediência dos filipenses aos princípios do evangelho era percebida por Paulo. Mas o apóstolo pede aos filipenses que operem a salvação com temor e tremor, no sentido de preservar a riqueza maior de suas vidas. Aprendemos que a soberania divina não anula a responsabilidade humana em manter e preservar a salvação recebida.

O Poder que Dinamiza e Preserva a Salvação Recebida (2.13)

1. O caráter soberano e seletivo de Deus não anula o direito do crente em desenvolver a sua salvação

A ideia de que a salvação tem caráter seletivo em detrimento do direito universal de todas as pessoas em receber a salvação oferecida em Cristo Jesus é inaceitável. Entende-se com clareza que Deus não divide a obra salvadora com o homem, porque o querer e o efetuar são exclusividade dEle. A honra e a glória da nossa salvação pertencem exclusivamente a Deus. A nós compete aceitar a oferta de salvação por Cristo Jesus e reconhecê-lo como único Salvador e Senhor. Pelo contrário, o poder da salvação operado pelo Espírito Santo habilita o crente a desenvolver a sua salvação para ser útil na vida cotidiana da igreja. O Espírito Santo opera a salvação realizando aquilo que a lei mosaica não consegue realizar. O Espírito supre o crente com poder para realizar a obra de Deus (Rm 8.3,4; 2 Co 3.4-6). Nesse sentido, somos cooperadores de Deus porque o Espírito trabalha nos crentes para operarem a salvação.

2. O poder de Deus é a fonte de energia do crente (2.13)

Por si só o crente não tem como desenvolver sua salvação. Ele precisa da energia divina mediante a obra do Espírito Santo, que o torna capaz de agir. Se Satanás opera na vida dos ímpios as obras más (2 Ts 2.9), Deus opera nos crentes em Cristo por meio do Espírito Santo as boas obras (Rm 8.9,14). Na realidade, o crente torna-se instrumento de justiça no mundo corrompido que vivemos e o faz um vencedor. O limite para a manifestação do poder divino na vida do crente é "a sua boa vontade". A vontade soberana de Deus é a expressão de seus atributos divinos de onipotência e presciência.

Se Deus é quem opera e efetua a obra espiritual na vida das pessoas, sabemos, também, que Satanás opera nos filhos das trevas (2 Ts 2.9). No crente, Deus opera por meio do Espírito Santo que habita nele (1 Ts 2.13). O ato de Deus operar em nós significa que Ele nos torna instrumentos em suas mãos para realizar a sua obra na terra.

3. Qual o efeito do poder de Deus no querer e no realizar? (2.13)

A expressão "opera em vós" identifica a obra exclusiva de Deus. É Ele quem opera, quem realiza, quem efetua "tanto o querer como o efetuar". Essa declaração descreve um propósito de Deus para com os cristãos. Ele efetua nos crentes o querer, a vontade de obedecer e desenvolver a salvação. O "efetuar" ou "o realizar" implica a capacidade que Ele dá para fazer sua obra. É Ele quem nos capacita a realizar mais do que pedimos ou pensamos, como está declarado na Epístola aos Efésios: "Ora, àquele que é poderoso para fazer tudo muito mais abundantemente além daquilo que pedimos ou pensamos, segundo o poder que em nós opera" (Ef 3.20).

4. "... segundo a sua boa vontade" (2.13)

Vários aspectos das manifestações da vontade Deus nos mostram que Ele está em um plano elevado e, para compreendê-lo, precisamos da sua revelação, e não de algum tipo de especulação. Ele revela sua vontade pelas coisas que estão criadas e pela sua Palavra (Rm 1.18,19). Entre os vários tipos da vontade Deus, a Bíblia os denomina como: vontade perfeita (Rm 12.2); boa vontade; agradável vontade de Deus; vontade permissiva de Deus; vontade moral; vontade soberana; etc. Nesta escritura aos filipenses, Paulo falou da "boa vontade de Deus" (Fp 2.13). A "boa vontade de Deus" diz respeito à "concretização de seus propósitos soberanos e graciosos para com os homens, na redenção humana, oferecida na pessoa de Cristo. Essa é a vontade de Deus, e esse é o seu beneplácito", escreveu Russell Norman Champlin em seu comentário no *Novo Testamento Interpretado* (vol. 5, p. 35).

A Demonstração da Salvação (2.14-18)

1. A praticabilidade da obediência

A demonstração da salvação recebida está na essência da obediência ao evangelho. Os versículos 12 e 13 indicam que a salvação é desenvolvida por ação efetiva, no sentido de que o cristão ocupa-se em tornar sua salvação um testemunho de fé e obra. Uma vez que os filipenses já tinham recebido a salvação, a obediência a Cristo era demonstrada em ação na comunidade da igreja.

2. A salvação prejudicada por atitudes impróprias (2.14,15)

Essa conduta apontada por Paulo deve ser o fruto do querer e do efetuar do crente de modo positivo. Quaisquer atitudes negativas como "murmurações e contendas" (vv. 14,15) afetam e prejudicam o desenvolvimento da salvação. São dois pecados que agem como ácido que corrói a alma.

"murmurações" (v. 14). Na língua grega aparecem os termos *gongysmos* ou *gongystes*, que dão a ideia daquele que rosna, ou seja, significa o ato de rosnar, como o cachorro que rosna. Na verdade, "murmurar" sempre esteve presente com pessoas invejosas e rebeldes (Jo 7.12; At 6.1; 1 Pe 4.9). A murmuração feita pelos israelitas que atravessaram o deserto, sob a liderança de Moisés, e passaram a reclamar e murmurar contra ele, dizendo que jamais deveriam ter saído do Egito (Nm 11.1-6; 14.1-4; 20.2; 21.4,5) deixando Moisés muito constrangido. Moisés os chamou de "geração perversa e rebelde" (Dt 32.5,20). Os filipenses não eram rebeldes nem murmuradores, por isso, Paulo exorta-os a que fizessem "todas as coisas sem murmurações e contendas".

"contendas" (v. 14). São aquelas briguinhas e disputas que criam desarmonia. Na língua grega do Novo Testamento, a palavra contendas é *dialogismoi*, que descreve as disputas e debates inúteis que têm como objetivo criar dúvidas e separações. É o mesmo que dissensões

e litígios que muitos cristãos hoje em dia promovem, levando seus irmãos aos tribunais para resolver essas situações (1 Co 6.1-11).

A Salvação Demonstrada por uma Conduta Irrepreensível (2.15-18)

"... irrepreensíveis e sinceros" (v. 15). A palavra "irrepreensível" deriva da palavra grega *memptos*, que significa "culpado, faltoso". Porém, quando acrescentado o prefixo "a" ao termo memptos, temos a palavra "*amemptos*", que significa "sem culpa, impecável, inculpável, sem precisar repreensão". Ser irrepreensível significa ser alguém que não precisa passar pela repreensão. Sua conduta é correta e de pureza moral. Significa alguém que sabe controlar a força da carne, porque anda no Espírito (Gl 5.16,17). A sinceridade é outra qualidade que corresponde a viver sem a mistura do mal e que é livre do dolo, do engano e da má fé.

"... sinceros" (v. 15). A sinceridade é outra qualidade que corresponde a viver sem a mistura do mal e que é livre do dolo, do engano e da má fé. Existe uma lenda romana para a palavra "sincero". Os escultores, nos tempos do Império Romano, trabalhavam muito com esculturas de pedra. Porém, quando alguma obra de escultura sofria alguma falha na sua estética exterior, os escultores colocavam "cera" nas falhas. Lixavam a escultura e as falhas não apareciam. Geralmente, as obras expostas nas praças a céu aberto recebiam a força do sol e a cera era derretida, expondo as falhas da escultura. Então, diz a lenda, surgiu a palavra "sincero" que significava "sem cera", ou seja, a obra tinha que ser perfeita, sem cera. No original grego, *akeraios*, significa "sem mistura, inocente, inofensivo, simples". A ideia que Paulo quis passar é a de que o cristão verdadeiro deve ter um caráter puro, sem mistura. Jesus usou a palavra "símplice" quando disse aos seus discípulos: "Eis que vos envio como ovelhas ao meio de lobos; portanto, sede prudentes como as serpentes e símplices como as pombas" (Mt 10.16). O apóstolo Paulo escreveu aos

romanos: "Quanto à vossa obediência, é ela conhecida de todos. Comprazo-me, pois, em vós; e quero que sejais sábios no bem, mas símplices no mal" (Rm 16.19).

"... filhos de Deus inculpáveis" (v. 15). Por meio de Jesus Cristo, nos tornamos "filhos de Deus" por adoção com todos os direitos de filhos legítimos (Gl 4.5). Fazemos parte da família de Deus e, por isso, nossa postura deve ser de filhos sem defeitos ou sem mácula. A ideia de filhos inculpáveis refere-se à origem do termo inculpável nos sacrifícios de animais sem defeito para a expiação dos pecados (Lv 22.21,22). O estado espiritual de "inculpável" tem a ver com o privilégio de ser filho de Deus, dando-lhe a garantia de sua salvação. Antes éramos culpados, mas fomos feitos "filhos de Deus" em Cristo. Ele, Jesus, foi o sacrifício perfeito pelos nossos pecados porque era totalmente sem pecado e sem culpa (1 Pe 1.18,19). Por isso, estamos guardados por Ele no meio de uma geração pervertida, vivendo uma vida sem mácula.

"... retendo a palavra da vida" (v. 16). O sentido de reter é o de preservar a palavra da vida. Qual é a Palavra da vida? Indiscutivelmente, é a Palavra de Deus. O autor da Carta aos Hebreus declarou isso de forma incisiva, dizendo: "Porque a palavra de Deus é viva, e eficaz, e mais penetrante do que qualquer espada de dois gumes, e penetra até à divisão da alma, e do espírito, e das juntas e medulas, e é apta para discernir os pensamentos e intenções do coração" (Hb 4.12). A palavra "preservar" no grego é *epechein*, usada para oferecer vinho a um convidado ou hóspede em casa. Os filipenses são estimulados pelo apóstolo a oferecer o evangelho de vida abundante, vida eterna. A igreja não deve se esconder nem se isolar do mundo, mas deve mostrar a vida e a luz que existe em um mundo de trevas.

"... ainda que seja oferecido por libação sobre o sacrifício" (v. 17). Paulo deu exemplo de abnegação (2.17,18), e essa escritura indica que ele buscou no Antigo Testamento a figura dos sacrifícios,

ao usar palavras como "libação". Ele quis fortalecer a ideia de que valia a pena oferecer sua vida como libação pelos filipenses mediante o "sacrifício e serviço da fé" deles. "Libação" era uma oferta de óleo (azeite puro), ou perfume ou vinho, que era derramado em redor do altar de sacrifício do animal morto para aquele rito. Nesse sentido, ele tinha o gozo do sacrifício em sua alma, porque entendia que valia a pena sofrer pelos cristãos filipenses.

Capítulo 6

Exemplo de Obreiros para nossos Tempos

Filipenses 2.19-25

> E espero, no Senhor Jesus, que em breve vos mandarei Timóteo, para que também eu esteja de bom ânimo, sabendo dos vossos negócios. Porque a ninguém tenho de igual sentimento, que sinceramente cuide do vosso estado; porque todos buscam o que é seu e não o que é de Cristo Jesus. Mas bem sabeis qual a sua experiência, e que serviu comigo no evangelho, como filho ao pai. De sorte que espero enviá-lo a vós logo que tenha provido a meus negócios. Mas confio no Senhor que também eu mesmo, em breve, irei ter convosco. Julguei, contudo, necessário mandar-vos Epafrodito, meu irmão, e cooperador, e companheiro nos combates, e vosso enviado para prover às minhas necessidades. (Fp 2.19-25)

O coração do apóstolo estava cheio de saudades das igrejas que foram plantadas por ele, e não podia minimizar esse sentimento porque estava preso. Mesmo assim ele faz planos de viagem e fala de sua intenção de brevemente ir visitar essas igrejas, especialmente, a igreja de Filipos (2.24). Impedido naquele momento de fazer essa viagem, Paulo planeja enviar Timóteo para levar e ter notícias da igreja.

No capítulo anterior deste livro, destacamos o texto de Filipenses 2.12-18, quando o apóstolo Paulo se preocupa com a igreja em Filipos sem a sua presença física para manter unida a igreja. Não que Paulo se julgasse indispensável, mas porque a igreja era nova e precisava ser tratada como um bebê. Por isso, ele desejava estar com os filipenses, mas não tinha certeza de que estaria vivo. Acomoda-se ao fato de estar preso e não poder estar presente em Filipos, então ele mesmo se oferecia como "libação" (oferta de sacrifício) pela igreja. Ele deixa de focar a si mesmo e declara o cuidado de Deus com a igreja por meio da cooperação de obreiros fiéis como Timóteo e Epafrodito. Vamos analisar de forma exegética o texto bíblico desse capítulo.

Paulo Destaca sua Preocupação com a Igreja

1. Paulo era um líder comprometido com o pastorado (2.19)

O apóstolo havia acabado de falar que estava pronto para enfrentar o martírio, mas ao mesmo tempo, uma réstia de esperança de que poderia em breve ir visitá-los o consolava. O versículo 19 revela o coração de Paulo porque, mesmo não estando presente em razão de sua prisão, ele queria ter notícias dos irmãos na fé. Ele temia que a igreja ficasse exposta aos "lobos devoradores" que se aproveitavam da vulnerabilidade e fragilidades das "ovelhas" para devorá-las (Mt 10.16; At 20.29). Paulo se preocupava com a segurança espiritual desse rebanho e dava o máximo das suas forças para atender às necessidades dessas ovelhas. O cuidado pastoral de Paulo por aquelas ovelhas revela o que Charles Jefferson escreveu sobre as funções básicas do pastor genuíno. Ele citou sete funções pastorais: "amar as ovelhas, alimentar as ovelhas, resgatar as ovelhas, cuidar das ovelhas e consolá-las, guiar as ovelhas, guardar e proteger as ovelhas e vigiar as ovelhas".

2. Paulo era um líder que investia em novos líderes (obreiros) (2.19,20,25)

Quando Paulo pensou em enviar Timóteo, não sabia quando exatamente o seu processo na Corte do Império teria uma solução final. Por isso, o seu desejo era o de enviar Timóteo o mais breve possível, mas esperava ter melhores notícias a seu respeito. No texto dessa escritura, Paulo apresenta dois obreiros especiais, começando com Timóteo, que ele enviaria sob sua autoridade como um obreiro qualificado para ouvir e atender às necessidades espirituais da igreja em Filipos.

Mais tarde, Paulo valoriza outro obreiro conhecido e pertencente à igreja de Filipos. Seu nome era Epafrodito, que gozava de sua total confiança para dar notícias corretas a seu respeito. Ele faz comparação com pseudo-obreiros, como ele os trata no versículo 21, quando diz que são obreiros que não tratam das coisas que são de Cristo, mas de coisas apenas do seu próprio interesse.

3. Paulo era um líder que sabia amar a igreja

Ele não tratava a igreja como se fosse um negócio particular. Ele não tratava a igreja como se fosse um profissional. Ele tinha uma relação amorável com a igreja e se preocupava com as suas necessidades.

O Plano de Enviar Timóteo a Filipos (2.19-24)

É possível que Timóteo tenha se convertido a Cristo na primeira viagem missionária de Paulo, nos anos 47 e 48 d.C., quando o apóstolo visitou Derbe e Listra (At 14.6-22). Quando voltou àquela região na sua segunda viagem missionária, Paulo ficou impressionado com o jovem Timóteo e passou a investir em seu ministério de modo especial. Na escritura de 1 Coríntios 4.17, Paulo lembra a Timóteo como alguém de sua confiança e com um testemunho pessoal. Ele era filho de Eunice e neto de Loide, que eram judias (1 Tm 1.5). Timóteo conquistou o coração de Paulo, e este passou a tratá-lo como um filho. Paulo percebeu em Timóteo um obreiro em potencial e o adotou ministerialmente, preparando-o para ser um obreiro no qual podia confiar. O plano de enviar Timóteo a Filipos não era para tomar o lugar ou substituir os obreiros locais, mas o de levar notícias e obter outras para consolar o coração de Paulo. Timóteo estaria sob a autoridade apostólica de Paulo para enfrentar algumas situações de partidarismo e vanglória que ameaçavam a unidade da igreja (2.2).

1. Paulo dependia, antes de tudo, da vontade do Senhor

Ele diz a igreja de Filipos: "Espero, porém, no Senhor Jesus, mandar-vos Timóteo" (2.19, ARA). Seu ato de esperar no Senhor Jesus pela oportunidade de fazer o que ele gostaria indicava sua submissão total à vontade divina. Ele não tomava decisões precipitadas quanto às responsabilidades do ministério pastoral. Ele tinha consciência da vontade soberana de Deus e sabia que ninguém pode mudar o curso dos fatos, senão o próprio Senhor. Temos que aprender a depender do Senhor para as decisões importantes da nossa vida e, mui especialmente, da igreja do Senhor.

2. Paulo dá testemunho de Timóteo à igreja de Filipos (2.20)

Paulo, sempre cuidadoso com o que falava, não tem reservas para demonstrar sua confiança em Timóteo quando diz: "Porque a ninguém tenho de igual sentimento" (v. 20). A expressão "de igual sentimento" referia-se a Timóteo como alguém que havia assimilado a mesma visão e sentimento apostólico. Por isso, ele cuidaria com igual cuidado os assuntos que requeriam soluções.

O apóstolo o trata como um filho, visto que conhecia sua família e tinha uma relação saudável com ela desde a tenra idade de Timóteo. Ora, agir com "igual sentimento" (v. 20) significava que Timóteo teria a mesma atitude de amor, de abnegação, de compromisso com a verdade e com a Palavra de Deus. A alta estima que

Paulo tinha por Timóteo indicava que tudo quanto ele dissesse à igreja seria exatamente o que ele diria, porque Timóteo era homem fiel, leal e temente a Deus. O comprometimento de Timóteo não era somente com Paulo, mas, antes de tudo, com sua experiência com Cristo e com a pregação do evangelho. Por isso, ele o trata por "meu verdadeiro filho na fé" (1 Tm 1.2). É interessante notar que Timóteo não era um desconhecido da igreja, pois estava presente com Paulo quando a igreja foi estabelecida (At 16.11-40).

3. O modelo de liderança de Paulo para os líderes atuais

Jeff Caliguire escreveu o seguinte em seu livro *Os Segredos de Liderança de Paulo*: "Ele comprometeu a sua vida inteira à sua missão, usou de cada oportunidade para compartilhar a sua visão, investiu em líderes que despontavam e aguentou firme quando a maioria teria jogado a toalha".

Alguns dos obreiros nos quais Paulo investiu tempo e ministério foram Timóteo, Tíquico e Tito. Na equipe de Paulo nas suas viagens missionárias sempre havia líderes como Lucas, Áquila e Priscila e outros, os quais, sob a liderança de Paulo, aprenderam que o exercício do ministério do evangelho é feito pelo caminho da abnegação, da humildade, da disposição para trabalhar e pelo amor à obra de Deus. Está escrito em 2 Timóteo 4.10-12 acerca de alguns obreiros que estavam com Paulo. Um deles, Demas, o desamparou; porém, Crescente, foi enviado por Paulo à Galácia; Tito, para a Dalmácia; e Tíquico foi para Éfeso. Agora, Paulo resolve enviar Timóteo, que estava com ele em Roma, para Filipos. Todos esses eram obreiros que trabalhavam com Paulo, e ele passou para seus liderados o ardor pela obra de Deus e a disposição para sofrer por essa obra com a garantia do galardão na presença de Deus. Uma das principais lições ensinadas por esse apóstolo foi a capacidade de ser um líder-servidor. Mesmo tendo uma personalidade forte, Paulo aprendeu com Cristo que a obra maior do líder cristão é servir.

4. Timóteo demonstrou qualidades indispensáveis numa liderança (2.20-22)

Quando Paulo fala que Timóteo tinha "igual sentimento" (2.20), usou uma palavra importantíssima para significar essa expressão: *isopsychos*. O significado de isopsychos é "da mesma alma". Essa qualidade singular de Timóteo revelou-se no interesse pela situação dos filipenses e, por isso, dispôs-se a cuidar dos interesses dos filipenses como um autêntico líder. Todo líder cristão precisa desenvolver simpatia e empatia com a igreja, de modo a se tornar um referencial para todos.

O texto de Filipenses 2.22 indica que Timóteo tinha "um caráter provado e aprovado", no sentido de que estava devidamente preparado para exercer liderança. Ele desfrutava de um bom testemunho como homem e como cristão. Paulo previa que o seu tempo de vida e ministério estava chegando ao fim; por isso, podia ter em Timóteo o continuador da sua obra. Ele tinha uma disposição para cooperar na obra do evangelho com um espírito servil. Ele sabia que na obra do evangelho não há lugar para senhores, mas para servos.

Timóteo demonstrava humildade em servir à igreja de Cristo como ao Senhor. Ele pensava como servo, porque demonstrava preocupação natural com as pessoas e por suas necessidades. Seu interesse não era político, nem egoístico. Ele importava-se sinceramente com o bem-estar físico e espiritual dos irmãos de Filipos, bem como de todos os cristãos nas regiões que visitava. A preocupação de Paulo com a igreja de Filipos estava no fato de que estava ocorrendo desavença e conflito entre alguns cristãos (Fp 1.15,16). Paulo confiava no caráter de Timóteo. Sabia que, a despeito de pouca experiência, Timóteo sabia manter-se fiel aos princípios do evangelho e não apoiaria qualquer facção no seio da igreja. Mesmo com pouca experiência, Timóteo não era um neófito na obra do evangelho. Depois da conversão dele, quando Paulo voltou a Derbe e Listra, alguns anos depois, percebeu o amadurecimento espiritual de Timóteo (At 16.2; 1 Tm 3.6,7).

Paulo ensinou a Timóteo as verdades do evangelho e o treinou para ser um futuro líder. O apóstolo uniu instrução pessoal e oportunidade para que Timóteo pusesse em prática o que havia aprendido. Indiscutivelmente, Timóteo tornou-se um obreiro qualificado porque foi bem preparado para o exercício do ministério pastoral.

Epafrodito, um Servidor Dedicado (2.25-30)

Epafrodito ganha espaço nas páginas do Novo Testamento por seu apanágio exemplar apresentado por Paulo. O apóstolo fala dele como "meu irmão, cooperador, e companheiro nas lutas" (Fp 2.25). Enquanto Paulo era "hebreu de hebreu", Timóteo era meio judeu e meio gentio (At 16.1), e Epafrodito era totalmente gentio. Existem poucas informações acerca de Epafrodito no Novo Testamento. Alguns teólogos o veem como apóstolo, pregador, mas não há nada que prove que ele tivesse sido pregador, profeta ou mestre da Igreja. Ele é mencionado por nome porque era um homem fiel a Cristo e à igreja que servia. Ele gozava da estima do apóstolo Paulo, por isso foi enviado especial da igreja de Filipos para lhe dar notícias e levar uma oferta de amor para o seu sustento. Subtende-se que Epafrodito era um obreiro local da igreja em Filipos. Visto que nem Paulo nem Timóteo podiam viajar imediatamente para Filipos, o apóstolo Paulo contou com a cooperação de Epafrodito, que deveria voltar a Filipos, como pessoa de confiança, para dar notícias à igreja. Paulo dá testemunho acerca dele e o trata carinhosamente por "meu irmão" (2.25). Na verdade, esse tratamento de "irmão" tornou-se um excelente costume no seio da igreja.

1. Epafrodito foi um mensageiro de confiança da igreja de Filipos (2.25)

Paulo o elogia como um "cooperador e companheiro nos combates". Sua tarefa inicial era o de ajudar a Paulo enquanto estivesse na prisão, animando-o e conversando sobre todas as coisas, boas e ruins, acerca da igreja de Filipos. Entretanto, a principal finalidade de Epafrodito na sua viagem ao encontro de Paulo foi a de levar uma ajuda financeira, da parte da igreja, a fim de que o apóstolo pudesse custear as despesas da prisão domiciliar. Porém, o mais importante da visita de Epafrodito à prisão de Paulo era o de trazer boas notícias do povo de Deus. Epafrodito era um gentio especial, grego de nascimento, que demonstrou ter um caráter ilibado e exemplar.

2. Epafrodito, um verdadeiro embaixador de Cristo (2.26-28)

Mediante tudo o que Epafrodito havia contado ao apóstolo, a preocupação maior no coração de Paulo era a de que alguém precisava estar em Filipos o mais breve possível. Essa preocupação de não reter por mais tempo a Epafrodito era em consideração aos irmãos filipenses. Ao enviar de volta esse amigo aos filipenses, Paulo o via como um verdadeiro mensageiro, um embaixador de Cristo. Ele representaria não apenas o apóstolo, mas ao Senhor Jesus. Sua presteza e amor demonstrados por meio de um serviço sacrificial para suprir as necessidades do apóstolo. Era um representante confiável, a quem a igreja podia receber. No versículo 27, Paulo fez questão de informar aos filipenses que Deus havia poupado a vida de Epafrodito para que o seu testemunho fortalecesse a fé de muitos irmãos.

Depois de estar curado da sua enfermidade, Paulo o envia de volta a Filipos e pediu à igreja que o recebesse no Senhor (2.29) e honrasse a Epafrodito como obreiro fiel e devidamente preparado para fazer o que precisava ser feito.

Esses obreiros, especialmente, Timóteo e Epafrodito, são exemplos de homens comprometidos com a causa do evangelho sem qualquer espírito mercenário. Pelo contrário, Timóteo e Epafrodito dedicaram suas vidas por amor ao Senhor.

Capítulo 7

Advertências Pastorais à Igreja

Filipenses 3.1-11

A verdadeira circuncisão é operada no coração, não na carne.

Resta, irmãos meus, que vos regozijeis no Senhor. Não me aborreço de escrever-vos as mesmas coisas, e é segurança para vós. Guardai-vos dos cães, guardai-vos dos maus obreiros, guardai-vos da circuncisão! Porque a circuncisão somos nós, que servimos a Deus no Espírito, e nos gloriamos em Jesus Cristo, e não confiamos na carne. Ainda que também podia confiar na carne; se algum outro cuida que pode confiar na carne, ainda mais eu: circuncidado ao oitavo dia, da linhagem de Israel, da tribo de Benjamim, hebreu de hebreus, segundo a lei, fui fariseu, segundo o zelo, perseguidor da igreja; segundo a justiça que há na lei, irrepreensível. Mas o que para mim era ganho reputei-o perda por Cristo. E, na verdade, tenho também por perda todas as coisas, pela excelência do conhecimento de Cristo Jesus, meu Senhor; pelo qual sofri a perda de todas estas coisas e as considero como esterco, para que possa ganhar a Cristo e seja achado nele, não tendo a minha justiça que vem da lei, mas a que vem pela fé em Cristo, a saber, a

> justiça que vem de Deus, pela fé; para conhecê-lo, e a virtude da sua ressurreição, e a comunicação de suas aflições, sendo feito conforme a sua morte; para ver se, de alguma maneira, eu possa chegar à ressurreição dos mortos. (Fp 3.1-11)

Neste capítulo, a preocupação do apóstolo Paulo é focada na preservação da fé em face de a Igreja em Filipos estar sob ataque de falsas doutrinas. Embora não haja nenhuma evidência de que a igreja estivesse sucumbindo às falsas doutrinas, e não se tinha notícias de que algum irmão na fé tivesse se desviado do evangelho, Paulo sabia que as ameaças eram evidentes. Ele, então, descreve suas experiências no judaísmo e sua conversão a Cristo, tornando-o um verdadeiro representante do evangelho.

O texto do capítulo 3 fala dessa preocupação do apóstolo Paulo e, especialmente, com os "maus obreiros" que se aproveitavam da sua ausência para injetar as falsas doutrinas no seio da igreja. Por três vezes Paulo diz: "... Acautelai-vos... Acautelai-vos... Acautelai-vos" como alerta para o perigo dessas falsas doutrinas. Inicialmente, Paulo dá a impressão de que estava concluindo a carta. Contudo, em sua mente afloraram outras preocupações, levando-o a continuar tratando dos assuntos em questão.

A Alegria que Fortalece a Fé (3.1)

Prevalece em toda a Carta a alegria que alimentava a alma do apóstolo frente a todas as adversidades que enfrentava. Em meio à tribulação, às ameaças e ataques dos inimigos, Paulo tinha a sensação de contínuo triunfo, a exultação de se sentir mais que vencedor à medida que os sofrimentos iam proporcionando o gozo do Espírito no seu interior. Na verdade, Paulo faz um prelúdio solene do gozo que sentia para falar de outros assuntos.

"Resta, irmãos meus" (3.1) é uma frase que aparece no texto grego como to loipon, traduzida como "finalmente" ou "algo restante". Esse "algo restante" havia deixado sua mente em polvorosa porque ele sabia dos falsos mestres que haviam entrado na igreja com falsas doutrinas. Ele tinha ainda algo a dizer aos irmãos da igreja em Filipos. Porém, para falar de assuntos tão graves, ele apela ao regozijo espiritual como reforço da fé. Quando ele diz que "resta ainda..." era porque muita coisa escreveria até ao final da carta demonstrando seu cuidado com os ataques judaizantes que tentavam perverter o evangelho ensinado por Paulo.

1. Por que Paulo apela a igreja por regozijo?

Paulo sabia, por experiência própria, que seria difícil aos filipenses suportar o aborrecimento produzido por aqueles falsos obreiros. Era um aborrecimento que afetaria a fé e diminuiria o entusiasmo por Cristo. Portanto, a solução mais eficaz para superar essas dificuldades era manutenção da alegria espiritual. Quando ele diz: "Resta ainda", indicava que algo havia acontecido e que ele era conhecedor disso. Por isso, Paulo demonstra e apela para que o regozijo na presença de Deus fosse a força maior de superação de todas as tribulações que estavam enfrentando.

2. Qual o sentido da expressão "regozijai-vos"?

"que vos regozijeis no Senhor" (3.1). Trata-se de uma exortação especial no sentido de que a alegria do Senhor é produzida pelo Espírito Santo no coração do crente. Essa alegria não era uma alegria comum, mas era algo sobrenatural que lhe dava condições de superar as dificuldades. Paulo entendia que esse regozijo era como uma parede de proteção e segurança de que aquilo que haviam recebido do Senhor era genuíno e verdadeiro. Para o apóstolo Paulo, na prisão, a alegria do Senhor era algo que alimentava a sua alma tensa e preocupada com a vida cristã dos filipenses.

O regozijo no Senhor é um gozo produzido por Ele. É diferente da alegria da carne que explora apenas a adrenalina nas veias do corpo, ou a alegria apenas superficial que se acaba facilmente. A alegria do Senhor é algo permanente que torna o crente apto a superar as adversidades da vida. Paulo era alimentado em suas emoções com esse gozo espiritual nos seus sofrimentos. Por isso, ele podia falar desse gozo como uma experiência que produzia capacidade de suportar os sofrimentos, não apenas físicos, mas aqueles que produzem tristeza, angústia, dissabor e mágoa. Uma das qualidades do fruto do Espírito é "gozo" (Gl 5.22), que na língua grega é *chara*. Esse gozo nada tem a ver com alguma emoção passageira. O *Comentário Bíblico Pentecostal* apresenta o termo gozo de Gálatas 5.22 dizendo que o gozo do Espírito "é aquele conhecimento arraigado de que somos salvos no presente, ainda que a nossa redenção plena resida no futuro" (1 Jo 3.2). Esse gozo produz no crente uma confiança prazerosa de que, independentemente das circunstancias pessoais, o seu destino está garantido pelo Senhor.

3. Como manter a alegria em meio às preocupações?

Paulo foi contundente e radical no trato com os falsos mestres. As suas preocupações foram manifestadas com uma hostilidade forte contra aqueles que tentavam destruir tudo quanto ele havia construído doutrinariamente. A igreja de Filipos estava sofrendo, e os irmãos poderiam estar tristes e desanimados. Ele, então, apela aos sentimentos daqueles irmãos para a alegria do Espírito que muito bem conheciam e seria capaz de superar a maldade desses inimigos da obra de Cristo. O teólogo Ralph A. Herring, em seu comentário da Carta aos Filipenses, escreveu que "o cântico de alegria do apóstolo cessa abruptamente como o trinar dum passarinho que repentinamente vê bem próxima a sombra dum gavião". Na verdade, quando ele pensava na segurança dos cristãos de Filipos, também pensa no perigo que correm, e "interrompe seu cântico" para advertir a igreja do perigo.

Paulo Desmascara e Adverte sobre Falsos Mestres no Seio da Igreja (3.2-4)

Obreiros do mal tinham se infiltrado no seio da Igreja aproveitando a ausência física do apóstolo Paulo. Eram obreiros que falsificavam a doutrina genuína e lançavam ideias judaizantes, seduzindo e desviando da verdade. Paulo ergue sua voz de alerta, provando que ele mesmo, muito mais que outros, confiara no judaísmo com suas leis, ritos e dogmas. Entendiam estar servindo a Deus confiados apenas na carne (Fp 3.4), isto é, em procedimentos humanos. Mas, ao encontrar a Cristo, entendeu que esse fundamento do judaísmo era nulo e que toda a vantagem pessoal que tivera no judaísmo lhe dava agora a oportunidade de descobrir que a "justiça que é de Deus é pela fé" (Rm 1.17; Fp 3.9).

"guardai-vos dos cães" (3.2). A hostilidade de Paulo contra os maus obreiros era forte e decisiva pelo mal que eles causavam à obra de Deus na igreja. O judeu ortodoxo tratava o gentio de cão, mas Paulo chama aos judeus opositores do evangelho de "cães". Por que Paulo os chama de cães? Eram judeus que se diziam convertidos a Cristo e tentavam lançar seus tentáculos judaizantes na mente dos cristãos filipenses. Ideias inaceitáveis em relação à doutrina dos apóstolos (At 2.42). Paulo chama-os de "cães" porque era uma palavra desprezível entre os judeus. Segundo Ralph Herring, esses judeus eram falsos cristãos que insistiam em tomar o fardo do legalismo judaico e colocá-lo sobre os cristãos. Eram como "cães" que agiam, rosnando atrás deles e mordendo seus calcanhares, atacando os novos convertidos quando Paulo estava ausente. Eram como cães porque eram carnívoros e mutiladores, no mesmo sentido da mutilação física no rito da circuncisão. Paulo os repelia com veemência e pediu aos filipenses que se acautelassem dessas pessoas, porque queriam, de fato, dominá-los com suas doutrinas falsas.

"guardai-vos dos maus obreiros" (3.2). Antes de tudo, Paulo os chama de "cães" que rosnavam para impor suas ideias. Em seguida, ele os chama de "maus obreiros" para dar um caráter humano a essas pessoas. Eram, de fato, obreiros da iniquidade. A estes obreiros, Jesus dirá um dia: "Digo-vos que não sei de onde vós sois; apartai-vos de mim, vós todos os que praticais a iniquidade" (Lc 13.27). Em relação aos falsos obreiros no seio da igreja de Filipos, Paulo

os trata como maus; eram pessoas ativas na vida da igreja, mas que espalhavam erros doutrinários não se importando com a sã doutrina ensinada pelos apóstolos. Pregavam um falso evangelho (Gl 1.8,9). No Concílio da igreja em Jerusalém, conforme Atos 15, os apóstolos discutiram sobre o papel da lei judaica em relação aos gentios. O resultado determinado por aquele Concílio envolvia quatro requisitos principais: a abstenção dos alimentos oferecidos aos ídolos, do sangue, de comer carne sufocada e a abstenção de práticas sexuais imorais. Porém, alguns "maus obreiros" faziam questão de discordar do ensino recebido para impor práticas judaicas que tinham a ver apenas com o sistema judaico. Esses maus obreiros foram denominados por Paulo de "falsos apóstolos, obreiros fraudulentos" (2 Co 11.13).

"guardai-vos da circuncisão" (3.2). No hebraico do Antigo Testamento, a palavra "circuncisão" é "mula", e vem da raiz *mûl.* Na língua grega do Novo Testamento, a palavra relativa é *peritome*, que dá a ideia de "cortar em derredor" ou "mutilar, remover". Portanto, entre os judeus, a circuncisão implica uma cirurgia em que o prepúcio masculino é removido, mediante um rito de caráter medicinal, ético e moral. Os judeus adotaram esse rito também com um caráter religioso. Um homem tinha que ser circuncidado para ter direito a ser membro da comunidade de Israel. Alguns eruditos fazem da circuncisão um ato de mutilação. Os judeus convertidos ao cristianismo, muitos deles, não conseguiram se libertar das travas do judaísmo e queriam que esse rito fosse adotado entre os cristãos. Os principais opositores de Paulo eram advindos do judaísmo e queriam impor costumes judaicos, entre os quais a circuncisão. O que existe de importância ética e moral para o judeu na prática de circuncisão não o é para os cristãos. Os judeus cristãos, não todos, que defendiam esse rito no cristianismo, tiveram a resposta do apóstolo Paulo, que lhes mostrou que a circuncisão verdadeira no cristão é a do coração.

Segundo o *Comentário Bíblico Pentecostal*, da CPAD, "os cristãos filipenses não deveriam ter como motivo de orgulho quaisquer sinais físicos que demonstrassem sua condição de comunhão, porém, antes, deveriam orgulhar-se em Cristo e na sua obra". Portanto, não seria o cumprimento da lei mosaica a que deveriam ser irrepreensíveis, mas deveriam ser fiéis à fé recebida de Cristo Jesus. A verdadeira circuncisão é aquela que é operada no coração, e não é algo da carne, mas do Espírito.

A Verdadeira Circuncisão Cristã (3.3)

No Antigo Testamento, a circuncisão era um rito físico com caráter moral e espiritual, porque, por esse rito, as pessoas tinham um sinal físico de pertencerem ao Deus de Israel. Porem, os seguidores de Cristo não precisam da circuncisão física e ritual do Antigo Testamento para serem identificadas como pertencentes a Cristo, porque a circuncisão espiritual é operada pelo Espírito no coração de cada crente.

1. A verdadeira circuncisão não deixa marcas físicas

Trata-se de uma qualidade espiritual, não apenas dos homens, mas também das mulheres. Paulo ensina aos colossenses que a verdadeira circuncisão em Cristo não é por intermédio das mãos, mas no despojamento do corpo da carne" (Cl 2.11,12), que significa, de fato, o despojamento da força da carne mediante o batismo por imersão. Paulo disse aos efésios que "fomos selados pelo Espírito Santo", isto é, fomos marcados com o Espírito Santo em nossa vida (Ef 4.30).

2. A verdadeira circuncisão é operada no coração do crente (Fp 3.3; Rm 2.25-29)

Na escritura do versículo 3, o apóstolo Paulo fala dos que confiam na carne, referindo-se aos cristãos que procuravam demonstrar seus méritos pessoais, físicos ou materiais para garantir bênçãos espirituais. Paulo refutou essa ideia equivocada de espiritualidade entre os cristãos. Eles não precisavam da circuncisão para garantir a salvação em Cristo.

O texto de Romanos 2.25-29 está explicado em meu livro Romanos, da Série Comentário Bíblico:

> "Porque a circuncisão tem valor se praticares a lei" (Rm 2.25). É declaração do apóstolo Paulo. Os judeus se escudavam na prática da circuncisão. Era, na verdade, assunto e regra mal compreendida, porque não entendiam o espírito da lei da circuncisão.
> Era um rito religioso judaico permitido por Deus, porém, era um rito envolvendo uma ação exterior, na carne. Era uma exigência da lei que, observada, colocava a responsabilidade sobre o circuncidado de guardar toda a Lei. Entretanto, Paulo diz em Gálatas 5.3: "Todo homem que se deixar circuncidar... está obrigado a guardar a Lei". Escudar-se na prática da circuncisão e não praticar o resto da Lei de nada valia. Os gentios não precisavam dessa prática da circuncisão, pois esse rito dizia respeito apenas aos judeus. Paulo, recebendo a insinuação dos judeus cristãos contra os gentios cristãos, desfaz a pretensão judaica e mostra que a verdadeira circuncisão é feita espiritualmente no coração. É operação do Espírito, não na carne, mas no espírito do crente.
> O ideal da circuncisão aos judeus é louvável. Tinha o propósito de diferençar o judeu do gentio. Já a circuncisão espiritual diferencia o crente do incrédulo, o salvo do perdido. (p. 43)

3. O contraste com os falsos cristãos

Os autênticos cristãos são aqueles que adoram a Deus no Espírito (3.3). A adoração a Deus em Espírito é uma marca autêntica dos que foram redimidos por Cristo. A forma de servir a Cristo difere daqueles que precisam da materialização para sua adoração. Os judeus entendiam que a circuncisão era um sinal para o povo que adora a Deus. A igreja de Cristo adora a Deus e o faz mediante a presença e habitação do Espírito na vida dos crentes. Na língua grega, adoração é *latreia*, que se refere ao culto que se presta a Deus.

Os autênticos cristãos são aqueles que se gloriam em Jesus Cristo (3.3). Os adeptos da circuncisão se gloriavam desse rito para se identificarem como "filhos de Abraão". Os filósofos gnosticistas se gloriavam da sua espiritualidade baseada na sabedoria. Porém, o cristão se gloria apenas em Jesus Cristo. O judeu tradicional via no rito da circuncisão uma forma de adoração e dedicação exclusiva a Deus (Gn 17.10; Dt 10.16; Js 5.2). A finalidade da circuncisão era deixar um sinal físico que representasse a circuncisão do coração (Dt 30.6; Jr 4.4). O rito religioso envolvia a mutilação, ou seja, a remoção do prepúcio masculino. Paulo advertiu os cristãos de Filipos a que não aceitassem qualquer imposição dos adeptos da circuncisão na vida cristã. Que eles tivessem cuidado com os mutiladores da fé cristã, que não depende de coisas físicas ou materiais.

Os autênticos cristãos são aqueles que não confiam na carne (3.3). Não "confiar na carne" significa não confiar na natureza humana, que é pecaminosa e tende a opor-se às coisas espirituais. Não se trata da carne no sentido genético ou étnico, nem na raça a que pertence. Trata-se de confiar em Cristo, e não em ritos. A vaidade judaica da circuncisão na carne não serve para o cristão, porque nossa identidade não é física, mas espiritual. Os cristãos judaizantes eram aqueles cristãos que não conseguiam se desvencilhar do judaísmo. Viviam no seio da igreja em Filipos, mas confiavam muito mais na carne e na circuncisão do que em Cristo. A lição maior que aprendemos nessa postura de Paulo é que a salvação não se conquista com as obras.

4. Paulo demonstra a inutilidade da confiança dos judeus na carne (3.4-6)

Nos versículos 4 a 6, Paulo conta a sua história de judeu circuncidado ao oitavo dia, mas que, ao encontrar-se com Cristo, renunciou a tudo que era da velha religião para servir apenas a Cristo. Paulo tinha a experiência do judaísmo a qual apresenta com detalhes para demonstrar o zelo que tivera enquanto religioso judeu. Mas agora a situação é outra: ele encontrou a Cristo, que cumpriu toda a Lei, e, por isso, estava livre das exigências da lei mosaica.

O Valor do Evangelho frente ao Judaísmo (3.7-11)

O dialogo entre cristianismo e judaísmo nunca foi bom entre os dois. Ainda que o cristianismo tenha vindo do judaísmo, a sua estrutura doutrinária é completamente nova. Os judeus vivem debaixo da lei mosaica, mas os cristãos vivem da fé em Cristo mediante a graça de Deus.

1. A perda que significa ganho (3.7)

O cristianismo é cheio de contrastes, de paradoxos. Paulo descobre um novo código de valores, pois ele diz: "Mas o que para mim era ganho reputei-o perda por Cristo" (v. 7). Aquilo que lhe parecia na velha religião um grande ganho, descobriu que era, de fato, fracasso. O que antes ele considerava sem valor e, na verdade, pernicioso, agora reconhece que é o único valor pelo qual vale a pena lutar. Que valor é esse? Ele achou o valor maior de sua vida: Cristo. O conhecimento de Cristo revelado tornou-se o valor supremo da vida de Paulo. Tudo o mais se transformou em perda por causa de Cristo, todos aqueles valores do judaísmo que Paulo defendia com todas as suas forças. Ele descobriu algo superior, que é o evangelho de Cristo.

2. A excelência do conhecimento de Cristo (3.8,9)

O conhecimento de Cristo não era algo teórico, acadêmico, e sim algo mais profundo que envolvia intimidade com Cristo. Seu relacionamento com Cristo o fez servo de Cristo. Todas as prerrogativas e privilégios anteriores conquistados no judaísmo, mediante o amor do Senhor Jesus, tornaram-se refugo e de somenos importância para o apóstolo Paulo. "Conhecer a Cristo" e "ganhar a Cristo" são expressões para a mesma ambição. Conhecer a Cristo implica o relacionamento pessoal com Ele, e ganhar a Cristo significa ser achado nEle, no sentido de que sua vida possa expressar a vida de Cristo.

3. A distinção da lei que vem da lei e a que vem pela fé (3.9)

A justiça que vem da lei requer o esforço do homem, é justiça própria. O homem tem dificuldades em exercê-la e em cumpri-la porque está sob a égide da lei. O teólogo F. F. Bruce comentou essa escritura:

> O homem que havia conseguido grandes resultados na luta em prol da justiça legal agora joga fora essa justiça, por haver encontrado outra, de melhor espécie. O que de bom a justiça própria, legal, lhe havia produzido afinal? Ela não o havia livrado do pecado de perseguir os discípulos de Cristo. Qualquer pessoa que buscasse a justiça legal, sem dúvida, poderia reclamá-la como lhe pertencendo; todavia, seria fatal imaginar que tal justiça, que inevitavelmente é auto-retidão, pudesse afirmar que Deus lhe pertencesse.

Em síntese, o que Paulo descobriu é que pelo exercício da justiça da lei ele não conseguiu ser achado em Deus. Porém, com a "justiça pela fé", a fé em Cristo, ele conseguiu tomar posse de Deus na sua vida e pertencer a Ele. É a justiça que vem de Deus pela fé. Esta é a justiça que nos justifica perante Deus. Paulo disse aos Gálatas 2.16: "justificados pela fé de Cristo e não pelas obras da lei". A fé em Cristo é o alicerce da justiça de Deus que justifica o homem.

4. Paulo desejava conhecer mais profundamente a Cristo (3.10,11)

No texto de 3.8, Paulo fala da sublimidade do conhecimento de Cristo. Ele, de fato, desejava adquirir esse conhecimento de modo mais implícito do que o mero conhecimento intelectual acerca de Cristo. Percebe-se, então, nos versículos 10 e 11, três coisas que Paulo queria conhecer:

a) Ele queria conhecê-lo pessoalmente. Ele declara seu desejo maior na vida quando diz: "para conhecê-lo" (v. 10). Ele não queria obter um conhecimento a distância, teórico, intelectual, envolvendo apenas história e teologia. Ele queria experimentá-lo como Amigo, Senhor e Mestre. A palavra "conhecer" no grego bíblico é *kinoskein*, que no hebraico é *yadá* e sugere o relacionamento conjugal entre Adão e Eva (Gn 4.1). É algo mais que físico; é algo sublime, interior e sensitivo. Esse desejo de conhecer a Cristo de modo pessoal não significava tocar de modo físico, como tiveram oportunidade os apóstolos que estiveram fisicamente ao seu lado. Ele sabia que isso era impossível, mas queria sentir em toda a sua estrutura pessoal como homem, no seu próprio corpo, tudo aquilo que Jesus foi e passou como homem. Ele queria, de fato, experimentar a comunhão com os seus sofrimentos para obter o conhecimento dos seus sentimentos; por isso exortou a igreja, dizendo: "De sorte que haja em vós o mesmo sentimento que houve também em Cristo Jesus" (Fp 2.5).

b) Ele queria conhecer e sentir o poder da sua ressurreição (3.10). O texto diz: "e a virtude da sua ressurreição", isto é, o poder que Ele, como Homem, experimentou vencendo a morte, o inferno e o túmulo. É o mesmo poder que Ele, Jesus, exerce no céu e na terra como Senhor e Salvador ressuscitado e glorificado. Na Carta aos Efésios, Paulo falou da "sobre-excelente grandeza do seu poder sobre nós, os que cremos, segundo a operação da força do seu poder, que manifestou em Cristo, ressuscitando-o dos mortos" (Ef 1.19,20). Essa virtude da ressurreição é a garantia da nossa justificação feita por Cristo, e a garantia da vivificação do crente, da sua salvação do poder do pecado, de sua santificação e de sua própria ressurreição e glorificação (Rm 5.25; 8.34; Ef 2.5,6; 1 Co 15.17; Rm 6.4; 8.34; 1 Co 15.13,20).

Paulo sabia que não bastava sentir o poder da sua ressurreição. Além de conhecer esse maravilhoso poder, de modo profundo e eficaz, ele sabia que precisava conhecê-lo na participação de seus sofrimentos.

c) Ele queria sentir no seu próprio corpo as aflições experimentadas por Cristo (3.10). A expressão textual da ARC é "e a comunicação de suas aflições". Em outras versões o texto diz: "e a participação dos seus padecimentos", o que não muda a essência da expressão. Prefiro a palavra "participação" que se traduz melhor na linguagem bíblica como "comunhão". Percebe-se esse entendimento em Filipenses 1.5 e 2.1, que falam de "cooperação no evangelho" e "comunhão no Espírito". Os dois termos, "cooperação" e "comunhão", subentendem-se como estar envolvido de modo incisivo nos interesses da obra de Cristo no mundo. Significa participação com Cristo nos seus padecimentos, isto é, Cristo e ele. Paulo não tinha a presunção de querer expiar a culpa e os pecados de ninguém, nem os seus próprios, mas queria ter o gozo de experimentar os mesmos padecimentos. A teologia do sofrimento tão repudiada pelos teólogos modernos, especialmente os que adotaram a teologia da prosperidade, são confrontados pelo ensino de Paulo. É, de fato, um misterioso paradoxo que só quem o experimenta saberá avaliar o significado de "padecer por Cristo Jesus". A expressão "sendo feito conforme a sua morte" (v. 10) ou "sendo feito semelhante a Ele em sua morte" tem o sentido de conhecer em seu próprio corpo os padecimentos experimentados por Cristo.

A sublimidade do conhecimento de Cristo lhe dava a alegria que superava todas as dificuldades. Por isso, Paulo renunciou a tudo por amor a Cristo (3.8-11).

Capítulo 8

A Suprema Aspiração do Cristão

Filipenses 3.12-17

A aspiração maior da vida de quem anda no Espírito é conquistar o prêmio da soberana vocação.

Não que já a tenha alcançado ou que seja perfeito; mas prossigo para alcançar aquilo para o que fui também preso por Cristo Jesus. Irmãos, quanto a mim, não julgo que o haja alcançado; mas uma coisa faço, e é que, esquecendo-me das coisas que atrás ficam e avançando para as que estão diante de mim, prossigo para o alvo, pelo prêmio da soberana vocação de Deus em Cristo Jesus. Pelo que todos quantos já somos perfeitos sintamos isto mesmo; e, se sentis alguma coisa doutra maneira, também Deus vo-lo revelará. Mas, naquilo a que já chegamos, andemos segundo a mesma regra e sintamos o mesmo. Sede também meus imitadores, irmãos, e tende cuidado, segundo o exemplo que tendes em nós, pelos que assim andam. (Fp 3.12-17)

Nos versículos 1 a 11, o apóstolo Paulo faz um retrospecto de sua vida e a analisa à luz da experiência pessoal com Cristo. Depois de contabilizar sua vida e abrir mão de seus valores do passado, ele assume no presente uma postura de atleta que corre celeremente para chegar à meta final de sua carreira cristã. Nos versículos 7 a 11 desse mesmo capítulo, Paulo diz que todas as conquistas feitas no passado sem Cristo são consideradas como perda por causa do evangelho. O alvo maior da sua vida estava em conquistar a excelência do conhecimento de Cristo Jesus (3.8). O alvo sublime está à frente. A ambição maior que dominava o seu coração seria partilhar o poder da ressurreição de Cristo, e, para experimentar esse poder, ele teria que partilhar dos seus sofrimentos. Paulo entendeu que essa carreira tem no caminho os obstáculos, mas o segredo da vitória está na persistência em correr até alcançar o prêmio que todo atleta vencedor deseja receber. O verdadeiro cristianismo não se restringe a um triunfalismo sem a experiência de participar da comunhão dos seus sofrimentos. Há algo que vai além do natural, e o prêmio por essa conquista será conferido na vitória final.

A Ambição Maior de Paulo (3.12)

Warren W. Wiersbe, em seu *Comentário Bíblico Expositivo*, ao ilustrar esta escritura bíblica fez uma comparação do cristão ao atleta. Ele escreveu assim:

> Os estudiosos da Bíblia não apresentam um consenso quanto ao esporte específico descrito pelo apóstolo – se é uma corrida a pé ou uma corrida de carros. Na verdade, não faz diferença, mas prefiro a imagem da corrida de carros. O carro grego usado nos Jogos Olímpicos e em outros eventos era, na verdade, uma pequena plataforma com um roda de cada lado. O condutor não tinha muitos lugares onde se segurar durante o percurso na pista. Precisava inclinar-se para a frente e retesar todos os nervos e músculos, a fim de manter o equilíbrio e controlar os cavalos. O verbo "avançar", em Filipenses 3.13, significa, literalmente, "se esticar como quem está em uma corrida". (vol. 2, p. 114)

1. Paulo utiliza a linguagem do atleta: "Não que já a tenha alcançado"

Na linguagem metafórica que Paulo utiliza sobre essa carreira, ele reconhece que precisa aperfeiçoar-se como atleta. A expressão inicial do versículo 12 indica que Paulo tinha consciência de suas limitações. Por isso, ele se vê num estádio correndo com tantos outros corredores, mas tem convicção de que somente um receberá o prêmio (1 Co 9.24). Não se trata de uma competição individualista quando diz que somente um leva o prêmio. Significa que esse "um" inclui todos aqueles que servem a Deus. Todo atleta quando está numa maratona corre para poder alcançar o prêmio final. O apóstolo declara que neste mundo o crente é alguém que procura avançar com denodo na carreira cristã. Paulo declara que havia sido alcançado por Cristo e, portanto, agora procura conquistá-lo. A busca da perfeição era a razão principal de sua vida. Os falsos obreiros pregavam ter alcançado a perfeição e, por isso, não tinham muito que se preocupar. Paulo refuta essa ideia afirmando que "prosseguia para o alvo" (3.14). A doutrina de que "uma vez salvo, salvo para sempre" não encontra respaldo no ensino de Paulo. Muito do comodismo de alguns crentes se baseia nessa falsa ideia de "salvação perfeita". Sabemos que a obra expiatória de Cristo foi perfeita em relação à pena do pecado. Mas sabemos também que precisamos cuidar da nossa salvação em relação ao poder do pecado na vida cotidiana. Ora, isso faz com que entendamos que até a morte teremos que continuar correndo nesta carreira.

2. O sentimento de incompletude de Paulo (3.13)

Paulo diz literalmente: "não julgo havê-lo alcançado". Expressão típica de quem não se dá por satisfeito com o que já tem feito. Sua satisfação era completa em relação ao Senhor Jesus, que era a razão de sua vida e ministério. Mesmo com toda a convicção de vitória e de conquista obtidos ao longo da vida cristã, Paulo não se deixava enganar com uma falsa segurança. Ele entendia que não há completude no meio da carreira. É preciso ir até o final. O galardão está guardado para o final mediante a vitória final.

Note o que o texto diz: "Não que eu o tenha já recebido" (v. 12a, ARA). Ora, o que isso quer dizer? Significa que nesta vida terrena ninguém alcançará o prêmio. O alvo do evangelho é o prêmio final, depois da morte e no Tribunal de Cristo (2 Co 5.10). Por isso, quem está na carreira não deve parar no meio do caminho, nem deve acomodar-se à ideia de contentar-se com o que já tem recebido. Esse comodismo produz letargia e negligência. Paulo sabia que havia muita coisa a ser conquistada, por isso deixou bem claro que não corria sem meta. Aos coríntios, Paulo disse: "... luto, não como desferindo golpes no ar" (1 Co 9.26, ARA). A vida de comunhão com o Senhor promove o desejo de querer mais e mais no campo da vida espiritual. A despeito de estar preso, Paulo ansiava por alcançar o alvo, no sentido de conhecer mais e mais ao Senhor.

"Não que [...] tenha já obtido a perfeição" (v. 12, ARA). Na realidade, ninguém alcança a perfeição nesta vida, mas a exortação é para que busquemos ser perfeitos. Paulo estava afirmando aos filipenses que ele não tinha a presunção de se apresentar como alguém que já tivesse alcançado a perfeição. O prêmio para o apóstolo Paulo era Cristo. Não se tratava de qualquer outro coisa ou beneficio espiritual. Sua ambição maior era conquistar a Cristo. Essa expressão paulina quebra a ideia equivocada de "uma vez salvo, salvo para sempre" em que o cristão não tem mais com que se preocupar, porque já alcançou o prêmio. Entendemos que a salvação é dinâmica e que, em relação à pena do pecado, ela é perfeita e realizada; em relação ao presente, a salvação é progressiva e requer que o cristão seja fiel até a morte para conquistar o prêmio final (Ap 2.10).

3. O engano da presunção espiritual (3.14)

A presunção refere-se à ideia de ter alcançado a perfeição e não se faz necessário mais qualquer outro esforço. É presunção acreditar que a obra de salvação não requer mais nada do crente.

Quanto ao que Cristo fez, foi perfeito e completo. Quanto ao que temos que fazer, refere-se à manutenção da obra salvadora. Por isso, o verbo "prosseguir" implica ação contínua e estimula a lutar pelo prêmio final.

Paulo não se deixou enganar com a ideia de ter alcançado a perfeição, mas ele prosseguia na conquista. Os falsos mestres do gnosticismo afirmavam ter alcançado a perfeição, por isso, reivindicavam ser iluminados e que não tinham mais nada a fazer. Paulo refutou essa ideia demonstrando que a conquista da perfeição será para aquele que chegar ao alvo.

"Prossigo" (v. 14) é forma verbal que implica determinação da parte do apóstolo. Uma determinação pessoal com o sentido de esforço intenso de não desistir mesmo enfrentando obstáculos e dificuldades na carreira. Esse verbo lembra uma lenda acerca das maratonas gregas. Um jovem sonhava em correr numa daquelas famosas maratonas, mas a participação requeria que ele pagasse um preço alto que somente corredores de elite podiam participar. Mas o jovem não desistiu do sonho. Seu pai vendeu tudo o que tinha para pagar o ingresso entre os corredores. O jovem, então, preparou-se fora das pistas de corrida, correndo pelos montes e vales até chegar o dia da maratona. Apresentou-se como corredor, pagou o ingresso e se pôs a correr entre os demais corredores. Esse jovem era desconhecido. Seu nome era desconhecido e ninguém imaginava que aquele jovem faria a diferença na maratona. Com a força nas pernas e uma capacidade enorme de respiração, o jovem corredor ultrapassou a todos os corredores. O povo começou a aclamar o nome do novo corredor e lançar flores, palmas e pepitas de ouro aos seus pés. O jovem ao ver as pepitas de ouro lançadas aos seus pés começou a abaixar-se para pegar as pepitas de ouro e, então, caiu em velocidade e os demais corredores começaram a aproximar-se dele, quase o alcançando. Seu pai, desesperado, começou a gritar pelo nome do filho e pedir que ele prosseguisse na carreira e se esquecesse das pepitas de ouro. O velho pai, para chamar a atenção do filho, tomou de uma adaga e cortou o pulso para escorrer sangue para que o filho visse e não parasse, mas prosseguisse até o final. Por fim, o filho entendeu a mensagem do pai que deveria prosseguir sem parar, porque o que importava era o prêmio no final da carreira. Portanto, na carreira cristã devemos prosseguir até o fim.

A Demonstração de Maturidade Espiritual (3.15,16)

1. Em que sentido somos perfeitos? (3.15)

Quando o apóstolo disse "todos quantos já somos perfeitos" estava, de fato, fazendo distinção com os falsos cristãos influenciados pelo gnosticismo que se vangloriavam de sua "perfeição", tanto judeus como gentios. Os judeus se vangloriavam da circuncisão. Os gentios cristãos se vangloriavam de ter alcançado a perfeição e, por isso, se sentiam completos e mais iluminados no conhecimento espiritual. Os gnósticos entendiam que haviam alcançado um estado de perfeição, mediante a sua filosofia, e por isso, não precisavam exercer qualquer esforço para obter a perfeição.

Por outro lado, Paulo — que havia acabado de negar a ideia de perfeição alcançada (v. 12) —, explica o termo "perfeito", o qual ganha um sentido especial no contexto das palavras do apóstolo para referir-se à "maturidade".

Num sentido especial, todos alcançamos a perfeição mediante a obra perfeita de Cristo no Calvário. Nesse sentido, a nossa salvação é perfeita e completa. Porém, o contexto do ensino de Paulo indica que o vocábulo "perfeito" refere-se à maturidade espiritual. A vida cristã tem um caráter progressivo e requer que "andemos de acordo com o que já alcançamos" (3.16, ARA).

2. O cristão deve andar conforme o nível de maturidade alcançado (3.16)

Entendemos que não basta correr com disposição e vencer a corrida. O corredor precisa correr com atitude de respeito às regras estabelecidas. Nos jogos gregos e também nos jogos romanos, havia muita rigidez da parte dos juízes que faziam valer as regras estabelecidas. O atleta não podia cometer qualquer erro ou infração para não ser desqualificado dos jogos. O que Paulo queria que os filipenses entendessem era que na carreira cristã existem regras para serem obedecidas. Essas regras estão na Palavra de Deus. Na Carta a Timóteo, Paulo escreveu: "Toda Escritura divinamente inspirada é proveitosa para ensinar, para redarguir, para corrigir, para instruir em justiça" (2 Tm 3.16).

Quando Paulo diz: "andemos segundo a mesma regra", não está se referindo à lei. Andar segundo a regra não consiste de regulamentos da lei mosaica, tão requerida pelos judeus convertidos a Cristo. Trata-se de andar conforme a doutrina de Cristo. Esse comportamento demonstra a maturidade do crente que anda segundo aquilo que já recebeu de Cristo. Não basta correr e vencer a corrida. O corredor precisa obedecer às regras da carreira cristã.

3. O exemplo a ser imitado (3.17)

Em nossos tempos modernos a igreja precisa de exemplos, isto é, de referenciais aos quais a igreja possa imitar. A ousadia de Paulo não tinha qualquer resquício de presunção. Pelo contrário, havia na atitude de Paulo em apelar aos filipenses que imitassem a Ele a convicção de uma vida limpa com uma conduta que imitava a Cristo. Mais do que os seus escritos, Paulo era um exemplo vivo de como viver a vida cristã. Seu comportamento manifestado em ações era mais forte do que palavras. Por isso, ele podia se arriscar a dizer às igrejas sob sua liderança espiritual que o imitassem. Aos coríntios ele escreveu: "Portai-vos de modo que não deis escândalo nem aos judeus, nem aos gregos, nem à igreja de Deus. Como também eu em tudo agrado a todos, não buscando o meu próprio proveito, mas o de muitos, para que assim se possam salvar. Sede meus imitadores, como também eu, de Cristo" (1 Co 10.32,33; 11.1). Ninguém no Novo Testamento ensinou sobre ética como Paulo. Ele era, de fato, um paradigma para as igrejas gentias. Sua doutrina revelava seu caráter e comportamento entre todos.

Toda a vida de Paulo era concentrada na pessoa de Cristo Jesus. Ele tudo fazia para agradá-lo. Sua aspiração era totalmente canalizada para Cristo. Por isso, ele podia declarar: "Já estou crucificado com Cristo; e vivo, não mais eu, mas Cristo vive em mim; e a vida que agora vivo na carne vivo-a na fé do Filho de Deus, o qual me amou e se entregou a si mesmo por mim" (Gl 2.20).

Capítulo 9

Confrontando os Inimigos da Cruz de Cristo

Filipenses 3.18-21

A cruz de Cristo é o ponto convergente da fé cristã. Ou se ama ou se odeia a cruz de Cristo.

> Porque muitos há, dos quais muitas vezes vos disse e agora também digo, chorando, que são inimigos da cruz de Cristo. O fim deles é a perdição, o deus deles é o ventre, e a glória deles é para confusão deles mesmos, que só pensam nas coisas terrenas. Mas a nossa cidade está nos céus, donde também esperamos o Salvador, o Senhor Jesus Cristo, que transformará o nosso corpo abatido, para ser conforme o seu corpo glorioso, segundo o seu eficaz poder de sujeitar também a si todas as coisas. (Fp 3.18-21)

O capítulo 3 é um capítulo que retrata o apóstolo Paulo como um homem sensível, que chora, mas não se deixa esmorecer ante a ameaça à fé dos filipenses promovida pelos falsos obreiros. Ao mesmo tempo que vemos Paulo chorando, nós o vemos exortando a igreja a que não desanimasse e não perdesse a alegria do Espírito. Ele faz advertências e exortações conscientizando a igreja de que a doutrina de Cristo não pode sofrer o dano das heresias dos grupos judaizantes e dos gnosticistas. Ele os trata com muito amor e respeito e os incentiva a que permaneçam firmes na fé, mantendo a alegria que a nova vida em Cristo proporciona. No texto dos versículos 17 a 21, o apóstolo Paulo apela aos filipenses para que fiquem atentos com os falsos cristãos infiltrados no seio da igreja, que eram, de fato, inimigos da cruz de Cristo.

Precauções com os Inimigos da Cruz de Cristo

O apóstolo Paulo trata os falsos obreiros, semeadores de sementes daninhas na seara do Senhor, como "inimigos da cruz de Cristo". É uma linguagem metafórica que ilustra aquelas pessoas que não comungam a fé cristã como experiência. Antes de identificá-los, o apóstolo exorta a igreja a que se mantenha firme na fé em Cristo (4.1).

1. A firmeza na fé é a muralha contra as heresias dos inimigos da cruz de Cristo (4.1)

Esse primeiro ponto não obedece à ordem cronológica do texto. Avançamos no texto com a exortação de Paulo, quando diz aos filipenses: "... estai assim firmes no Senhor". O verbo estar significa "achar-se, ou manter-se; permanecer". Paulo usa o verbo no imperativo "estai" ou "permanecei" em relação ao sentido de estar firme na fé recebida para poder lutar contra as astutas ciladas do Diabo (Ef 6.11,13,14). Para confrontar os inimigos da cruz, é necessário que as convicções da obra redentora por meio da cruz de Cristo sejam mais fortes que os ataques do Inimigo de nossas almas. Em toda a carta, a alegria é a chave de superação sobre os problemas.

2. Paulo se apresenta à igreja como exemplo de comportamento a ser imitado (3.17a)

Em nossos tempos modernos, Paulo seria criticado e tratado como presunçoso, mas é preciso entender com que atitude ele concitou aos irmãos de Filipos que o imitassem na fé e no testemunho pessoal. Não foi falta de modéstia, nem a demonstração de uma falsa humildade, mas foi a coragem moral e espiritual para se colocar como referencial de vida e fé em Cristo (1 Co 4.16,17). Falta em nossos tempos referenciais de obreiros verdadeiros que se coloquem como padrão de conduta cristã. A verdadeira humildade serenamente aceita a responsabilidade de viver uma vida ministerial digna de ser imitada.

3. Paulo lembra o exemplo de outros obreiros fiéis (3.17b)

Sem dúvida, uma das alegrias de Paulo era a influência positiva de irmãos da igreja que andavam segundo o padrão de conduta e demonstração de fé que ele mesmo se fizera referencial.

O texto na Edição Revista e Atualizada expressa melhor, quando diz: "e observai os que andam segundo o modelo que tendes em nós". Paulo não estava atraindo para si o mérito de referencial, de exemplo, mas estava reconhecendo o valor da influência do testemunho de outros cristãos, entre os quais, Timóteo e Epafrodito. Ele chama a atenção dos cristãos filipenses no sentido de observarem e considerarem os fiéis, por causa dos maus exemplos de maus obreiros (3.2) que procuravam desviar a fé dos fiéis. A verdadeira humildade quando vivida serenamente torna-se modelo de vida e comportamento. Lamentavelmente, existem muitos obreiros fraudulentos com o evangelho cujo exemplo seria desastroso seguir. O apóstolo Paulo se apresenta como modelo a ser imitado, bem como o de outros fiéis servos de Deus que, como ele, seguem o modelo supremo que é Cristo.

4. Exortando com firmeza e com lágrimas (3.18b)

As lágrimas fazem parte da vida pastoral. Elas são águas que regam uma plantação. A vida pastoral sempre tem um misto de amargura e doçura no exercício da vida eclesiástica. Ao ter conhecimento das ameaças heréticas levadas por falsos obreiros, Paulo os identifica como inimigos da cruz de Cristo. Seu coração passou a ter pulsações mais fortes e a emoção das notícias o fizeram chorar. Eram lágrimas de preocupação e ao mesmo tempo de extrema sensibilidade com os problemas de ordem doutrinária que afetavam a igreja. Paulo demonstra que o ministério pastoral é regado com lágrimas. A maior luta do apóstolo era com as heresias dos falsos cristãos judeus que tentavam trazer para o seio da igreja as ideias judaizantes e gnosticistas. A esses ele os chama de "inimigos da cruz de Cristo". Paulo exortou a igreja que resistisse, mesmo que com lágrimas, mas resistisse às investidas maléficas desses falsos obreiros. O zelo pastoral identificava essas pessoas como falsos mestres que posavam como modelos de liderança cristã, mas que tinham como objetivo principal, minar a autoridade pastoral de Paulo.

Os Inimigos da Cruz de Cristo

1. A identificação dos inimigos da cruz de Cristo

Havia na igreja alguns cristãos advindos do judaísmo que não conseguiam se desvencilhar da velha religião. Queriam acrescentar a Lei de Moisés à obra da redenção realizada por Cristo. Queriam manter alguns ritos e costumes como elementos indispensáveis à obra de salvação realizada por Cristo Jesus. Eram coisas ligadas às leis alimentares que faziam parte da estrutura moral e social da lei mosaica. Portanto, o apóstolo Paulo identifica aqueles judaizantes como "inimigos da cruz de Cristo", porque eles negavam o valor da cruz de Cristo (Gl 5.11; 6.12,14). Paulo dá a resposta a esses falsos cristãos quando diz que "o deus deles é o ventre" (3.19). Essa batalha doutrinária era travada não só em Filipos, mas em todas as igrejas da Ásia Menor, como em Éfeso, Tessalônica, Colossos, Bereia, Corinto, Antioquia e outras mais. Porém, percebe-se que naquele momento Paulo se deparava com duas frentes antagônicas e perigosas. Uma em Corinto, com um grupo que proibia o casamento (1 Co 7.1), e outro grupo constituído por libertinos que defendiam a ideia de que "tudo é permissível" (1 Co 6.12). Agora, em Filipos, outro grupo de cristãos adotava a falsa doutrina da separação entre carne e espírito, no sentido de que entre ambos não havia choque. Com a carne serviam à carne, sem afetar o espírito, e com o espírito, serviam ao espírito sem afetar a carne. Essencialmente, essa ideia do gnosticismo é falsa e refutada na Bíblia. Paulo disse aos tessalonicenses: "E o mesmo Deus de paz vos santifique em tudo; e todo o vosso espírito, e alma, e corpo sejam plenamente conservados irrepreensíveis para a vinda de nosso Senhor Jesus Cristo" (1 Ts 5.23). Eram pessoas voltadas para o materialismo e para a satisfação carnal da glutonaria, por isso, o "deus deles é o ventre" (3.19).

2. "O deus deles é o ventre" (3.19)

A expressão "o deus deles é o ventre", exegeticamente, pode ser analisada em duas perspectivas. Uma perspectiva é aquela voltada para o sentido físico em que o comer e beber obedecem à ética e às purificações rituais das tradições judaicas. Os seguidores desses rituais entendiam que o deixar de comer carne de porco e de outros animais proibidos na lei mosaica lhes garantia uma religiosidade exemplar de relação com Deus. Por outro lado, a segunda perspectiva refere-se à busca do prazer físico no comer e beber. O termo "ventre" tem um sentido figurado que representa os apetites, os desejos carnais e sensuais. Paulo acusa esses falsos judeus de viverem para satisfazer os prazeres da carne, da glutonaria, da bebedice, da imoralidade sexual, satisfazendo todos os desejos lascivos. O pastor Hernandes Dias Lopes, em seu comentário da Carta aos Filipenses, escreveu: "Eles vivem encurvados para o próprio umbigo". Essas pessoas eram consideradas como inimigas da cruz de Cristo porque queriam que a Lei de Moisés, com seus rituais, fosse um meio de chegar a Deus. Ora, se o cumprimento da lei não pode conduzir ninguém a Deus, pelo contrário, condenou a todos, então, somente a graça do Senhor Jesus Cristo é capaz de salvar o homem dos seus pecados. Os adeptos da filosofia gnóstica, fingindo-se cristãos, tentaram injetar suas heresias no seio da igreja. Entendiam essas pessoas que o que fizessem com a carne não afetaria as coisas do Espírito, mas o mesmo apóstolo falou aos gálatas: "Digo, porém: Andai em Espírito e não cumprireis a concupiscência da carne. Porque a carne cobiça contra o Espírito, e o Espírito, contra a carne; e estes opõe-se um ao outro; para que não façais o que quereis" (Gl 5.16,17).

3. "A glória deles está na sua infâmia" (3.19)

O que Paulo diz incisivamente é que eles deveriam se envergonhar das coisas das quais se gloriavam. A Edição da Bíblia Viva traduz o texto com estas palavras: "eles têm orgulho daquilo que deveria envergonhá-los". A palavra infâmia tem vários sentidos, tais como: aquilo que fere a honra; torpeza, vileza, abjeção. Paulo sabia que aqueles falsos cristãos não tinham qualquer escrúpulo, nem vergonha. Entregavam-se às degradações morais sem o menor pudor e queriam estar na igreja como se nada fizessem. Paulo os trata como inimigos da cruz de Cristo, porque com seus comportamentos, a obra expiatória de Cristo passava a não ter valor algum. Esses falsos mestres escarneciam da virtude e exaltavam o opróbrio. Eram inimigos da cruz de Cristo porque invertiam os valores e desfaziam os padrões morais estabelecidos para a igreja. Ora, aprendemos que a santidade implica na separação total da vida de pecado.

4. "O destino deles é a perdição" (3.19)

A declaração de Paulo é enfática acerca daqueles que negam a eficácia da cruz de Cristo: a perdição eterna. O fim e a recompensa final daqueles que rejeitam a cruz de Cristo é perdição total, ou seja, a perda da vida eterna. O castigo dos ímpios será inevitável e eterno (Ap 21.8; Mt 25.46). Um dia, eles ressuscitarão para se apresentarem diante do Grande Trono Branco do Juízo Final, quando serão julgados e lançados no Geena (o Lago de fogo), que é o estado final dos ímpios e dos demônios (Ap 20.11-15).

O Estado Final dos Amantes da Cruz de Cristo

Ser "amante da cruz de Cristo" não significa ser adorador da cruz. Para os evangélicos, a cruz é tão somente um símbolo do cristianismo. O que amamos da cruz de Cristo é o próprio Cristo, que nos garante a vida eterna. A palavra da cruz é "loucura para os que perecem, mas para nós, que somos salvos, é o poder de Deus" (1 Co 1.18). Perante a cruz de Cristo não há meio termo. Ou se reconhece a Cristo como o Deus todo poderoso, Senhor e Salvador nosso, ou se vive para as paixões da carne, como os que fazem do "seu ventre, o seu deus". Para esses não há futuro, nem esperança, mas para os salvos em Cristo há uma esperança de vida eterna. Os inimigos da cruz de Cristo nunca se fazem cidadãos dos céus, do Reino celestial preparado para os salvos em Cristo.

1. "Mas a nossa cidade está nos céus" (Fp 3.20)

Qualquer cidadão pertencente a um país para adquirir direito de cidadania em outro país passa por um processo legal de mudança de cidadania para conseguir esse direito. Paulo faz menção da cidadania celestial (v. 20) e declara que para obter esse direito a pessoa precisa corresponder à transformação de vida exigida. Somente pela obra de regeneração do Espírito Santo será possível ter direito e acesso à "cidade celestial" onde habita o Senhor. A palavra "cidade" é, também, traduzida por "pátria". Quando Paulo escrevia essas palavras estava pensando no "status" cívico de Filipos, tão importante como colônia romana. A despeito das benesses materiais da cidade de Filipos e de tudo quanto se oferecia à sociedade, Paulo fala de uma cidade que está nos céus. Trata-se de algo superior e espiritual "de onde também esperamos o Salvador" (3.20). O ato de esperar traduz a esperança dos crentes. O cidadão romano honrava a César como o salvador geral do império, enquanto o cristão honra e serve ao Senhor Jesus Cristo, o Rei da pátria celestial. Se a cidadania romana representava vantagens materiais e sociais para os filipenses, muito mais os crentes em Cristo obtêm vantagens com a cidadania celestial. Ralph Herring escreveu que "a igreja local devia ser como uma colônia do céu. Leis celestiais e modos celestiais deviam distinguir seus membros, diferenciando-os dos demais ao redor". Nossa esperança aponta para a cidade que está nos céus. Em breve o Senhor Jesus virá sobre as nuvens do céu com poder e glória (Mt 24.31; At 1.9-11; 1 Ts 4.16; 2 Ts 1.7).

2. "Que transformará o nosso corpo abatido" (Fp 3.21)

A doutrina da transformação do nosso corpo envolve dois eventos importantes. O primeiro evento diz respeito à transformação dos vivos no Arrebatamento da igreja e em seguida, no mesmo evento, à transformação dos mortos em Cristo (1 Ts 4.13-18). Essa doutrina não é uma utopia, mas de fato vai acontecer.

O estado atual de nossos corpos é de humilhação, porque é temporal. Os libertinos (gnosticistas) achavam que o mal era inerente ao corpo, por isso, ensinavam que só se servia a Deus com o espírito. Ensinavam que de nada serve cuidar do corpo, porque se perderá mesmo e que Cristo salvará apenas o espírito. Refutamos essa doutrina porque a Bíblia ensina o contrário. Esse corpo de humilhação poderá sucumbir à morte, mas, por fim, se levantará transformado e glorioso, igual ao corpo glorioso de Cristo depois de sua ressurreição (Fp 3.21; 1 Ts 5.23; 1 Co 15.42-52).

A transformação que vai ocorrer implica uma metamorfose instantânea e sobrenatural operada pelo Espírito Santo. O versículo 21 diz que "o nosso corpo abatido" será transformado "para ser conforme o seu corpo glorioso". O corpo ressurreto de Cristo era literalmente "um corpo" que foi revestido de espiritualidade, não mais limitado pela massa física, porque a lei de gravidade não mais podia afetar seu corpo glorioso. Assim, será o nosso corpo mortal, depois da transformação. Teremos corpos espirituais revestidos da habitação celestial (1 Co 15.22,23,40-44).

A Bíblia diz que o poder de transformação dos corpos ressurretos e dos corpos dos vivos na sua vida será segundo a eficácia do poder que Ele tem de subordinar a si todas as coisas (Fp 3.21). A transformação não dependerá do homem, mas do poder de Cristo (Ef 1.22).

Capítulo 10

A Alegria do Senhor Gera Firmeza na Fé

Filipenses 4.1-7

A alegria do Senhor produz a paz espiritual que precisamos para enfrentar nossos inimigos espirituais.

Portanto, meus amados e mui queridos irmãos, minha alegria e coroa, estai assim firmes no Senhor, amados. Rogo a Evódia e rogo a Síntique que sintam o mesmo no Senhor. E peço-te também a ti, meu verdadeiro companheiro, que ajudes essas mulheres que trabalharam comigo no evangelho, e com Clemente, e com os outros cooperadores, cujos nomes estão no livro da vida. Regozijai-vos, sempre, no Senhor; outra vez digo: regozijai-vos. Seja a vossa equidade notória a todos os homens. Perto está o Senhor. Não estejais inquietos por coisa alguma, antes, as vossas petições sejam em tudo conhecidas diante de Deus, pela oração e súplicas, com ação de graças. E a paz de Deus, que excede todo o entendimento, guardará os vossos corações e os vossos sentimentos em Cristo Jesus. (Fp 4.1-7)

O capítulo quatro dessa carta é um capítulo em que Paulo, depois de várias exortações de estímulo à perseverança, demonstra a ternura do seu coração pelos filipenses. Ele destaca alguns desses irmãos e refere-se a eles com carinho e grande respeito.

Essc capítulo ganha um sentido especial e pessoal da parte do apóstolo Paulo. Ele dava um tratamento especial aos cristãos de Filipos e, por isso, exorta-os e ao mesmo tempo apresenta seus protestos de carinho e amor fraternal para com aqueles irmãos, fruto de missão evangelizadora.

Sua carta está cheia de palavras como: alegria, gozo, regozijo e contentamento as quais são como um perfume que exala em todo o texto. São palavras que nutrem a alma do apóstolo e consolam o seu coração, mesmo estando prisioneiro numa prisão em Roma. Ele sentia a alegria do Senhor por saber acerca da igreja de Filipos. O seu contentamento era demonstrado na aceitação das coisas boas e más que estavam acontecendo com ele próprio e com a igreja em Filipos, e as via como providência amorosa de Deus, que sabe o que é melhor para nós e busca o nosso bem. O texto que selecionamos para este capítulo destaca o apóstolo Paulo estimulando aos crentes para que sejam firmes na fé que é a força motora das nossas convicções no evangelho de Cristo Jesus. Essa força motora impulsionava os filipenses a se manterem firmes em Cristo.

Ralph A. Herring, em seu livro *Carta de Paulo aos Filipenses*, escreveu o seguinte: "Vimos que esta Carta pode ser dividida em três seções: a seção do amor (1.1-11), a seção da alegria (ou gozo espiritual) (1.12-3.21); e a seção da paz (4.1-23)". Essa ideia de Herring nos dá uma visão ampla do conteúdo da Carta. O capítulo 4, tratado aqui, faz a fusão dessas três virtudes, para mostrar aos filipenses que não havia ressentimentos no coração de Paulo. Pelo contrário, o apóstolo entendia que continuava a ser o pastor deles e, por isso, preocupava-se com o seu bem-estar espiritual. Paulo faz, então, com essa confiança em seu coração, admoestações finais de sua carta. Os versículos 7 e 8 revelam o sentimento que estava em seu coração. Tudo o que ele desejava e admoestava era: "Tudo o que é verdadeiro, tudo o que é honesto, tudo o que é justo, tudo o que é puro, tudo o que é amável, tudo o que é de boa fama, se há alguma virtude, e se há algum louvor, nisso pensai" (4.8).

A ideia que prevalece nesse capítulo é o da "paz", não uma paz comum, mas a paz produzida pelo Espírito Santo mediante a obra que Cristo fez por todos no Calvário.

Exortação à Firmeza Cristã

1. A alegria e coroa do ministério de Paulo (4.1)

A palavra "portanto" (v. 1) é ligada por Paulo ao assunto do capítulo 3. Ele os trata como cidadãos dos céus e isso era suficiente para encher seu coração de gozo. Ele exprime sua alegria e orgulho por seus amigos e os encoraja a que permaneçam firmes em Cristo (1.27). O apóstolo exprime seus sentimentos mais íntimos de amor e carinho pelos irmãos quando diz que eles são "sua alegria e coroa" (4.1).

Nesse versículo, Paulo expressa a sua alegria pela igreja. Essa alegria tinha um caráter futuro, porque Paulo sentia que o fruto do seu ministério era real e verdadeiro. Ele podia sentir e relembrar que valia a pena tudo quanto sofreu para plantar aquela igreja em Filipos. Ele tinha a alegria da certeza da vida futura e a sua convicção do seu lugar na presença de Cristo na sua vinda. Esse gozo que experimentava lhe dava forças para não desistir do objetivo final de seu ministério.

O apóstolo Paulo acrescenta a palavra "coroa" depois da "alegria" (v. 1). Que coroa é essa? A que se referia o apóstolo? Naqueles tempos, especialmente no mundo grego e romano, havia dois tipos de coroas. Na língua grega do Novo Testamento, deparamo-nos com *diadema* e *stefanos*. Um tipo referia-se à coroa do atleta (*stefanos*), premiação máxima dos atletas, especialmente, dos corredores nas famosas maratonas gregas e romanas. O outro tipo referia-se à coroa da realeza, símbolo de soberania (diadema). Naturalmente, Paulo se referia à coroa do atleta, que era o laurel concedido ao vencedor nos famosos jogos. O sentimento que dominava o coração do apóstolo era algo presente e ao mesmo tempo futuro. Ele se referia ao que sentia naquele momento com as notícias dos irmãos em Filipos. Mas também se referia ao sentimento de que seu tempo de ministério estava chegando ao fim e tudo quanto esperava naquele momento era a vitória final na presença de Cristo. Isso constituía gozo e coroa na vida do apóstolo. Paulo sabia que a coroa, ou seja, o prêmio pela sua vitória final, além do sentimento de amor pelos filipenses, era, de fato, a coroa de glória que ele receberia na vinda do Senhor (1 Ts 2.19). É a recompensa pelo serviço fiel, quando todos os cristãos receberão seus galardões no Tribunal de Cristo: "Porque todos devemos comparecer ante o Tribunal de Cristo, para que cada um receba segundo o que tiver feito por meio do corpo, ou bem ou mal" (2 Co 5.10).

2. A exortação à firmeza cristã (4.1)

"Estai assim firmes no Senhor" (4.1). É a parte final desse versículo que demonstra o contínuo cuidado do apóstolo pela vida espiritual dos filipenses. Era, na realidade, uma forma imperativa do cuidado apostólico de que os filipenses não se deixassem dominar pelos falsos ensinos que tentavam roubar-lhes a esperança e adulterar o ensino que lhes fora dado quando estava com eles. Antes, no capítulo três (3.20,21), Paulo os trata como cidadãos dos céus e, por isso, deviam permanecer firmes no Senhor. A preocupação de Paulo, mais uma vez, era com a entrada das heresias doutrinárias que podiam corroer a esperança e provocar divisão e desarmonia no seio da igreja. Ele usa a palavra *stekete* no grego bíblico quando fala de firmeza. Essa palavra, de fato, era aplicada ao soldado no campo de batalha que ardorosamente tinha que ficar firme quando se deparasse com um inimigo. O crente em Cristo precisa ficar firme na fé quando se depara com falsas doutrinas ensinadas por falsos mestres. A igreja deve "ficar firme" porque possui uma herança que deve ser preservada mediante a fidelidade ao Senhor até a sua vinda (Fp 3.20,21). A firmeza em Cristo implica a convicção de alcançar algo já garantido. Significa o ato de permanecer nos mesmos princípios que regem a vida cristã. A ideia de estar "firmes no Senhor" era,

também, no sentido de colocar todas as coisas debaixo do controle do Senhor. Não deveria haver hesitação em servir a Ele.

3. O risco da quebra da unidade quando há desarmonia nas relações entre os irmãos (4.2,3)

Sabedor de conflitos existentes na relação entre alguns irmãos, Paulo se dirige a alguns deles para solucionar o problema. Ele conhecia a maioria dos irmãos da igreja e reconhecia a importância deles na cooperação do evangelho, e conhecia, também, as fraquezas de alguns deles.

Nesse contexto, Paulo se dirige a duas mulheres especiais no seio da igreja em Filipos, mas que estavam tendo algum tipo de conflito. Ele apela a essas duas mulheres, Evódia e Síntique, que parassem para pensar acerca das verdades que Paulo havia ensinado ao longo da história daquela igreja. Quando ele lhes diz que "sintam o mesmo no Senhor" (v. 2) estava, na verdade, preocupado com que a incompatibilidade de Evódia e Síntique provocasse ruptura na unidade da igreja. O apóstolo Paulo se dirige a alguém que era de sua total confiança para que apaziguasse as discórdias existentes. Esse "companheiro de jugo" referia-se a algum obreiro local, como podia ser Timóteo ou Tito. Essas discórdias afetavam a harmonia fraternal da igreja e abria espaço para as divisões. Paulo soube que essas discórdias estavam acontecendo entre duas mulheres da igreja, as quais foram muito importantes no início da implantação da igreja em Filipos. Ele cita os nomes de Evódia e Síntique que eram discordantes entre si acerca de pequenas coisas que afetavam a comunhão da igreja. Paulo se preocupou com elas e as aconselhou que tivessem o mesmo sentimento de amor e respeito no seio da igreja, para não quebrar a comunhão e a unidade da igreja. Como autêntico pastor, Paulo tem cuidado no trato com as duas mulheres, mas as exorta com firmeza com a autoridade pastoral que requeria o problema. O apóstolo valoriza essas mulheres no seu apostolado, pois elas muito contribuíram para a formação da igreja.

4. Clemente, um fiel servidor (4.3)

Existem muitas especulações históricas acerca de Clemente, um membro ativo no seio da igreja de Filipos. Ao citar o seu nome, Clemente, deduz-se que se trata de alguém de origem grega, porque o nome era comum entre os gregos. Podia ser um crente comum daquela igreja e que gozava do carinho e da amizade do apóstolo. Os historiadores da igreja se dividem nas opiniões acerca desse Clemente como alguém que depois da morte de Paulo tenha se tornado obreiro da igreja. A história do cristianismo fala de certo Clemente que foi considerado como o mais eminente dos "pais da igreja", servindo especialmente em Roma. Entretanto, não há comprovação suficiente para afirmar essa opinião. O que importa é que Paulo cita o seu nome como alguém comprometido com o evangelho e com a preservação da unidade da igreja onde servia a Cristo.

A Alegria que Sustenta a Vida Cristã (4.4-6)

A alegria é experiência constante na Carta aos Filipenses, destacada na linguagem de Paulo como uma virtude de sustentação da vida cristã. Ao mesmo tempo, essa alegria não era um sentimento passageiro, ou meramente emocional. É uma alegria gerada pelo Espírito Santo na vida interior do crente que o faz superar as vicissitudes da vida. Paulo falou de sua alegria apesar de perseguido e preso (1.4,18; 2.17). Ele intercala duas palavras no seu discurso, gozo e alegria, para enriquecer ainda mais a gloriosa experiência que motivava a sua fé (1.25). Ele fala na alegria dos irmãos em Filipos (2.28). Já no texto de 4.4, Paulo transforma a alegria numa ordenança pastoral, não meramente uma recomendação. Manter essa alegria requeria uma atitude de cuidado da parte do crente, porque temos um inimigo invisível e espiritual que procura roubar a nossa alegria. Ora, a alegria é fruto do evangelho e a presença do Espírito dentro de nós produz "o fruto do Espírito" que é, também, alegria (Gl 5.22).

1. A alegria permanente: "Alegrai-vos sempre no Senhor" (4.4)

A versão Almeida Revista e Corrigida usa a palavra regozijar e diz: "Regozijai-vos". A exortação contém o advérbio "sempre" para denotar que não se tratava de uma despedida, ou de uma experiência momentânea. Tratava-se de algo permanente e contínuo. Nenhuma outra fonte de alegria efêmera possui esse caráter, porque todas as fontes externas do mundo secam e se esvaem. Quando Paulo volta a dizer "outra vez digo", é uma repetição que tinha por objetivo reforçar a exortação de que nada é mais precioso e consolador do que o gozo, a alegria ou o regozijo cuja fonte é o Senhor. Por que é importante e indispensável essa alegria no Senhor Jesus? Ora, É porque por meio dEle temos recebido a reconciliação com Deus (Rm 5.11); temos sido alimentados da esperança da glória que nos estimula a continuar firmes na fé (Rm 5.2). Se no Antigo Testamento a presença do Espírito de Deus era manifestada de tempo em tempo, de acordo com as necessidades dos servos de Deus, agora, no Novo Testamento, na nova aliança, a presença do Espírito Santo é permanente e imanente, porque Jesus o enviou, da parte do Pai, para habitar no espírito do crente, isto é, na vida interior do crente, e produzir essa alegria (Jo 16.7; Rm 14.17; Rm 15.13). Nada comparável no mundo será capaz de superar a tristeza e as vicissitudes da vida como só a alegria do Senhor pode produzir (Tg 1.2-4; Rm 5.3). Paulo sabia que os filipenses estavam sendo ameaçados por falsos mestres com heresias capazes de criar dúvidas quanto à fé. Ele, então, fez uma exortação com caráter de ordenança apostólica aos filipenses e o fez de modo imperativo: "Regozijai-vos sempre no Senhor; outra digo: Regozijai-vos".

2. A alegria espiritual é cristocêntrica

Expressões como "alegria do ou alegria no Senhor" são constantes para indicar a fonte dessa alegria. Essa alegria é, portanto, *cristocêntrica*. Quando usamos a palavra cristocêntrico, estamos afirmando que tudo, em relação à igreja, é gerado por Ele. Ele é a nossa alegria. É uma pessoa; não é uma coisa; não é uma mera experiência emocional. Cristo é a fonte da alegria que nutre nossa alma e que dá energia ao nosso espírito para confiar nEle. Não há tristeza nEle, porque Ele "tomou sobre si", como "cordeiro de Deus", as nossas dores e tristezas (Is 53.4,5). Ao enfrentar muitas vezes as oposições dentro e fora da igreja por causa do evangelho que pregava, o apóstolo Paulo sabia lidar com essas situações por causa do gozo do Senhor. Ao chegar a Filipos pela primeira vez como apóstolo, Paulo tinha na memória as dificuldades que enfrentou naquela cidade para pregar o evangelho. Ele e Silas suportaram afrontas e rejeições e foram presos por causa da mensagem do evangelho. A oposição religiosa foi ferrenha contra os dois, mas eles semearam o evangelho e logo tiveram a colheita na conversão de pessoas como Lídia, a vendedora de púrpura, e a família do carcereiro que os havia açoitado na prisão (At 16).

3. A alegria do Senhor produz moderação (4.5)

"Seja a vossa equidade notória a todos os homens. Perto está o Senhor." Nesse texto temos a palavra "equidade" e na ARA temos "moderação". Ambas as palavras, equidade e moderação, são sinônimas porque o significado diz respeito a amabilidade, benignidade e brandura. Há uma tradução da palavra moderação no grego bíblico (*epiekês*) que se traduz como "doce razoabilidade", ou seja, a capacidade de enfrentar uma atitude de oposição com domínio temperamental. Pode ser definida, também, como "manso", "brando", "gentil", "paciente". Percebe-se que no contexto da palavra de Paulo uma pessoa moderada é aquela que abre mão da retaliação quando se é provado ou ameaçado por causa da fé. Paulo apela ao controle de temperamento com pessoas explosivas, destemperadas e sem domínio próprio. O crente que tem a alegria do Senhor no coração tem uma disposição amável e honesta para com outras pessoas, principalmente com aquelas pessoas provocadoras. William Barclay escreveu que "o homem que tem moderação é aquele que sabe quando não deve aplicar a letra

estrita da lei, quando deve deixar a justiça e introduzir a misericórdia". Pessoas destemperadas pagam caro o preço da intransigência, da inflexibilidade. Paulo apela à igreja de Filipos a que os crentes sejam moderados nas ações. Paulo declara que "o Senhor está perto" (4.5) para ajudar aos que são atribulados e ameaçados por causa da sua fé.

4. A convicção de que "perto está o Senhor" (4.5)

"Perto está o Senhor" (v. 5) é uma declaração que tem sentido presente e futuro. No presente, a palavra "perto" refere-se a lugar e tempo. No grego bíblico, o termo é *engys*, que reforça essa ideia de lugar e tempo, para indicar que, nas lutas da vida cristã, o Senhor sempre está perto para guardar e proteger aqueles que servem a Cristo (Sl 34.19). Porém, a expressão tem um caráter escatológico para referir-se à vinda do Senhor. Nesse sentido, todo cristão autêntico vive em função da esperança de que em breve o Senhor voltará para buscar a sua igreja.

5. A alegria do Senhor desfaz a ansiedade (4.6)

Em sua vida terrena, Jesus falou da ansiedade como um mal que precisa ser extirpado da vida cotidiana. Em seu famoso Sermão do Monte, Jesus aconselhou: "Por isso, vos digo: não andeis cuidadosos [ansiosos] quanto à vossa vida, pelo que haveis de comer ou pelo que haveis de beber; nem quanto ao vosso corpo, pelo que haveis de vestir. Não é a vida mais do que o mantimento, e o corpo, mais do que a vestimenta?" (Mt 6.25).

A ansiedade pela vida, o medo do futuro, a preocupação pelo que pode acontecer não são atitudes positivas de quem confia no Senhor. O que aprendemos com o Mestre, nosso Senhor Jesus Cristo é que a ansiedade desfaz a confiança em Deus e que o dia de amanhã não deve anteceder o dia de hoje. Por isso Ele disse: "Não vos inquieteis, pois, pelo dia de amanhã, porque o dia de amanhã cuidará de si mesmo. Basta a cada dia o seu mal" (Mt 6.34). O apóstolo Pedro escreveu em sua Epístola: "Humilhai-vos, pois, debaixo da potente mão de Deus, para que, a seu tempo, vos exalte, lançando sobre ele toda a vossa ansiedade, porque ele tem cuidado de vós" (1 Pe 5.6,7).

A ansiedade contraria a confiança que devemos ter no Senhor e na sua proteção. Nada deveria perturbar a mente e o coração daqueles irmãos. Pelo contrário, eles deveriam fazer suas petições a Deus com atitude humilde e reconhecimento pelo que o Senhor é e faz (4.6). A ansiedade é a falta de paz, a paz de Deus. Por isso, o apóstolo declara com segurança que a paz de Deus guardará os fiéis. Todos os seus sentimentos estarão guardados por aquEle que pode dar a paz verdadeira (4.7).

6. A importância da oração na vida cristã (4.6)

O texto diz: "antes, as vossas petições sejam em tudo conhecidas diante de Deus, pela oração e súplicas, com ação de graças" (4.6). É indiscutível o valor da oração na vida do cristão. É o canal mais eficaz de comunicação com Deus. O poder da oração sincera diante de Deus anula a força da ansiedade, porque conduz o crente à presença de Deus. Por isso, a oração deve estar na vida cotidiana do crente como um elemento disciplinador da nossa vontade para aceitar, de boa mente, a vontade de Deus. Ora, a vontade de Deus baseia-se no pré-conhecimento que Ele tem de nós. Por isso, Ele sabe o que é melhor para cada um de nós. O apóstolo Paulo declara que essa comunicação em oração não tem restrições, porque Deus é Pai pronto a ouvir todas as nossas petições. Paulo usa a expressão "em tudo" significando que não precisamos pedir audiência para falar com Deus, mas todas as nossas necessidades, em todas as situações e circunstâncias, podem ser dirigidas a Deus em oração. O contexto dessa escritura indica que a oração é o modo de aliviar nossa ansiedade. Paulo destaca, pelo menos, três modos distintos de orar no versículo 6. Primeiro, ele fala de orar com "petições", isto é, todas as nossas necessidades podem ser apreciadas pelo Senhor. Segundo, "com súplicas" diz respeito àquela oração feita com rogos, com pedido insistente e humilde. Terceiro, a oração com "ação de graças", que significa aquela oração de gratidão por tudo o que o Senhor é. Sempre devemos nos lembrar dos benefícios divinos (Sl 103.1-6).

A Paz que Excede todo o Entendimento (4.7)

A paz de Deus é dom que procede dEle para aqueles que o servem. Essa paz é algo poderoso para aquietar o coração inquieto e ansioso, porque sobrepuja tudo e todo o entendimento. É algo que a psicologia não pode explicar, porque é experiência divina. É aquela paz inexplicável, que está acima do natural. É algo sobrenatural que se manifesta na nossa vida natural, porque é sentida e vivida por aqueles que a experimentam (1 Co 2.9; Ef 3.20).

Há certa reciprocidade entre alegria e paz. Não haverá alegria sem paz interior. Não se trata de uma simples paz, mas de uma paz que vem de Deus. Os discípulos de Jesus experimentaram essa paz especial quando Ele disse: "Deixo-vos a paz, a minha paz vos dou; não vo-la dou como o mundo a dá" (Jo 14.27).

1. O tipo de paz "que excede todo o entendimento"

Em síntese, essa paz é algo que transcende qualquer compreensão. Não tem como discuti-la filosoficamente, nem no campo da psicologia. Os adeptos do gnosticismo que defendiam a ideia de possuírem algo superior em termos de inteligência, conhecimento e entendimento são confrontados por Paulo quando sugere algo mais alto e mais profundo que o entendimento humano. É a paz de Deus que excede todo o entendimento.

2. Um tipo de paz que protege o crente em Cristo Jesus

A parte b do versículo 7 diz: "guardará os vossos corações e os vossos sentimentos em Cristo Jesus". É um tipo de paz como um muro de proteção ao redor de uma casa que protege dos perigos de fora. A paz de Deus torna-se guarda de proteção para o crente fiel. O texto fala de "coração e mente", que são cidadelas dos pensamentos e emoções que experimentamos na nossa vida cotidiana. A proteção é feita por Jesus Cristo, Salvador e Senhor nosso. Portanto, a alegria do Senhor alimenta a nossa alma e produz paz e segurança, porque "essa paz é como uma sentinela celestial" que nos protege do mal.

Capítulo 11

Qualidades para uma Vida Cristã Equilibrada

Filipenses 4.8-10

O controle da mente pelo Espírito Santo propiciará a ocupação de pensamentos sadios.

> Quanto ao mais, irmãos, tudo o que é verdadeiro, tudo o que é honesto, tudo o que é justo, tudo o que é puro, tudo o que é amável, tudo o que é de boa fama, se há alguma virtude, e se há algum louvor, nisso pensai. O que também aprendestes, e recebestes, e ouvistes, e vistes em mim, isso fazei; e o Deus de paz será convosco. Ora, muito me regozijei no Senhor por, finalmente, reviver a vossa lembrança de mim; pois já vos tínheis lembrado, mas não tínheis tido oportunidade. (Fp 4.8-10)

Na escritura dos versículos 8 a 10 temos, na verdade, um complemento da Carta, uma vez que no versículo 7 ele dá a impressão de estar concluindo. A mente de Paulo foi despertada por alguns pensamentos que não podia deixar de comunicar com a igreja de Filipos.

Não eram pensamentos comuns, mas pensamentos que tiveram a contribuição e inspiração do Espírito Santo. O autor Lindolfo Weingartner, teólogo luterano, escreveu sobre esse texto o seguinte: "Ele não prega nenhum 'poder da mente', pois ele sabia que a mente humana é tão somente um campo de batalha no qual Cristo obteve a vitória e no qual agora reina a paz". Precisamos saber que a vida em Cristo significa mudança de pensamento. Antes, sob a égide da carne, mas agora, sob o domínio do Espírito.

O cristianismo é uma religião de princípios que regem os cristãos no comportamento cotidiano, em relação às pessoas, na igreja, na família, na sociedade e em relação a Deus. Paulo apresenta uma lista de virtudes que deixam de ser meras prescrições e exigências que emanam de um código de leis, mas são virtudes que surgem espontaneamente numa vida transformada pelo evangelho. O evangelho tem o poder de mudar a vida de uma pessoa e torná-la apta para obedecer aos princípios cristãos. Na Carta aos Romanos 1.16, Paulo escreveu que o evangelho "é o poder de Deus para salvação de todo aquele que crê".

Mediante a compreensão sobre mente e fé, podemos saber que o cristianismo é não só espiritual, mas também racional.

O que Deve Controlar a Mente do Cristão

1. O que é a mente de um ser humano?

Para sabermos como controlar a nossa mente, precisamos conhecer o que contém a mente humana. Por trás da mente de cada pessoa está o cérebro, que é o mecanismo mais complexo do mundo e o órgão do corpo que mais influência exerce sobre a vida da pessoa. Nossa mente, dentro do cérebro, pensa, recorda, ama, odeia, sente, raciocina, imagina e analisa. Nosso cérebro, através da mente, supervisiona tudo o que fazemos. Controla nossa audição, visão, olfato, a fala, o alimentar, o descanso, a capacidade de aprender. Nossa mente controla e determina a função de outros órgãos e sistemas no corpo humano. Nossos hábitos individuais, nosso temperamento, personalidade, caráter, tudo é controlado pela mente. Nossa forma de pensar resulta do poder da mente (intelecto) sobre o que herdamos de nossos pais, da escola, da igreja, através do ouvimos, o que lemos e o que vemos. O autor de Provérbios há muito tempo disse: "Porque, como imaginou na sua alma, assim é" (Pv 23.7). A alma é um elemento moral representada pela mente (intelecto), pelas emoções e pela vontade. O coração é, figuradamente, o centro das emoções do ser humano. Não se refere a um órgão físico, visível ou palpável. Trata-se de algo que não tem forma e neurologicamente está unido a todos os órgãos do corpo. Não se pode dimensionar, nem ser detectado em algum lugar do corpo. É a mesma coisa em relação à vontade, que faz com que o homem seja único entre os seres vivos criados por Deus. É com a mente que o homem escolhe o bem ou o mal. Mediante essa realidade, o apóstolo Paulo, inspirado pelo Espírito Santo, apela e diz: "Nisso pensai" (4.8).

2. A batalha da mente

Na batalha da mente, o ser humano recebe muitas impressões exteriores, tanto do campo científico quanto do campo espiritual. O cristão, na sua conversão, recebe uma limpeza total dos antigos pensamentos do homem natural e carnal. O Espírito entra em sua vida operando uma limpeza total, mas o cristão regenerado não está imune aos ataques do mundo espiritual na sua mente (2 Co 5.17). Satanás procura romper a proteção de nossas mentes com pensamentos fúteis e carnais para que não pensemos nas coisas que são de cima, isto é, do céu. Paulo exortou os colossenses: "Pensai nas coisas que são de cima e não nas que são da terra" (Cl 3.2).

Nossa mente absorve muitas coisas do que se vê, se ouve e do que se faz no dia a dia. Por isso, precisamos ter controle sobre a nossa mente. Mentes ocupadas por pensamentos maus produzem coisas más. Porém, mente ocupada com coisas boas produz coisas boas.

3. O que é que ocupa a nossa mente? (Fp 4.8)

Antes de considerar o versículo 8, precisamos entender a expressão do versículo 7 quando diz: "guardará os vossos corações" .

No contexto dessa expressão, a palavra "coração" é a figura da alma humana. É uma palavra que representa o "homem verdadeiramente", não apenas o seu intelecto, sentimentos e volição. Quando Paulo fala da paz com poder de guardar os corações, está se referindo àquela virtude poderosa da paz de Deus que age com poder protetor e pacificador. O coração, nesse contexto, representa o homem interior, e a guarda do coração tem a ver com a proteção divina daquilo que somos interiormente. Por isso, uma vez guardado o nosso coração das coisas más, podemos pensar, agir, fazer boas coisas. Entretanto, o versículo 8 nos ajuda a colocar nosso homem interior sob a custódia do Espírito Santo para sentir e pensar positivamente.

4. Esvaziando a mente de coisas fúteis

A grande lição desse texto é que devemos esvaziar nossa mente de pensamentos fúteis e enchê-la com pensamentos que se harmonizem com o evangelho. Devemos, em todo o tempo, fazer uma triagem constante dos conceitos e ideias manifestos no nosso dia a dia e dos quais tiramos conclusões e decisões. Então, a pergunta é: O que é que ocupa a nossa mente?

A tradução da ARA enfatiza e exorta dizendo: "seja isso o que ocupe o vosso pensamento". A experiência de salvação em Cristo significa mudança de pensamento contínuo, no sentido de que passamos a evitar as futilidades que ocupam tantas cabeças no mundo secular e passamos a ocupar a mente com coisas úteis e maduras. O apóstolo Paulo disse aos coríntios: "Mas nós temos a mente de Cristo" (1 Co 2.16). O que é que ocupa a nossa mente nos tempos atuais? Neste novo século nos deparamos com uma geração magnetizada pela vida secular quando as coisas da vida moderna ocupam o seu pensamento. A Bíblia fala dos "amantes do século presente" e a palavra "século" é ayon no grego bíblico, e refere-se ao "pensamento do mundo presente". Como evitar que nossas mentes sejam invadidas pelo pensamento do século presente? A resposta está no conselho do apóstolo Paulo quanto ao que pensar hoje (Fp 4.8).

5. A concentração dos nossos pensamentos nas coisas espirituais

Na Carta aos Colossenses, Paulo foi enfático quando escreveu à igreja, dizendo: "Pensai nas coisas que são de cima e não nas que são da terra" (Cl 3.2). Naturalmente, essa expressão não significa deixar de viver uma vida cristã racional. Também não significa ter a mente livre ou ser bitolado por pensamentos impostos pelo cristianismo. Não! Significa, sim, dominar a própria mente e selecionar o que é melhor para uma vida feliz e equilibrada. Aprendemos nessa escritura que o modo mais equilibrado de viver uma vida vitoriosa em Cristo Jesus é equilibrar coração e mente, priorizando as coisas espirituais. Os maus pensamentos são frutos de uma vida não regenerada. Ser cristão é uma questão de inteligência, porque aprendemos a pensar e ter domínio sobre as coisas do século. Mente e sentimento interagem, ajudados pelo Espírito Santo, para uma vida cristã feliz e vitoriosa.

As Coisas que Devem Ocupar a Mente do Cristão (4.8)

Para entendermos o versículo 8, precisamos absorver a ideia de segurança e estímulo do versículo 7, quando diz: "E a paz de Deus, que excede todo o entendimento, guardará os vossos corações e os vossos sentimentos em Cristo Jesus" (Fp 4.7). Essa escritura interliga coração e mente. A Bíblia interpreta a palavra coração, nessa passagem, de forma metafórica, porque o coração é entendido como o centro das motivações da mente, da vontade e dos sentimentos de uma pessoa. A mente é a sede do raciocínio e do entendimento. Da vontade da pessoa advêm as decisões, e dos sentimentos, todas as emoções da vida pessoal. Paulo disse que o Senhor "guardará nossos corações e nossos sentimentos" para sejam motivados por coisas boas. A paz de Deus é como um muro de proteção; é como uma torre de vigia que avisa a nossa mente contra inimigos externos, que são os maus pensamentos. Porém, os pensamentos alimentados por uma mente cristã têm coisas boas. Essas coisas boas se manifestam representadas por pelo menos seis qualidades ou virtudes que devem ocupar a mente do crente e que devem ser praticadas. Dizem os filósofos que "o homem é aquilo que ele pensa". Ora, o que guardamos em nossa mente? Devemos fechar a nossa mente para tudo quanto é vil c pernicioso. Para o que devemos abrir os portais da nossa mente?

1. "Tudo o que é verdadeiro"

Podemos inverter a posição da frase "nisso pensai" (ARC) que está no final do texto (v. 8). Prefiro a tradução da ARA, que diz: "seja isso o que ocupe o vosso pensamento". Ralph P. Martin, em Filipenses: Introdução e Comentário, escreveu: "Este versículo é governado pelos verbos seja isso o que ocupe o vosso pensamento, em grego, um único verbo 'logizesthe', que significa mais que 'ter em mente'. O sentido é: 'levar em consideração' (logos), ou mesmo 'fazei destas coisas o logos de seu universo pessoal', isto é, 'refleti nessas qualidades da vida e permiti que as mesmas modelem a vossa conduta'" (p. 172). Na verdade, Paulo deseja que os filipenses tenham em mente as melhores coisas que contribuam para o crescimento moral e espiritual da vida de cada um.

A expressão "tudo o que é verdadeiro" tem na palavra "verdadeiro", conforme está no grego bíblico como "alethe" que significa "verdade" e refere-se àquilo que opõe ao que é falso, que é irreal e ao que não contém substância. Vivemos em um mundo de mentiras que influencia a vida da humanidade. O papel do cristão é não só proclamar a verdade, mas viver a verdade no seu comportamento cotidiano. Lamentavelmente, a mentira está presente na vida de cristãos e líderes cristãos, e vem maquiada de falsa imagem da verdade, escondendo a realidade moral e espiritual por baixo dessa maquiagem. Deus sempre abominou a mentira. A igreja de Jesus Cristo não pode e não deve permitir que o espírito de mentira domine sua mente (Cl 3.9). Mentes dominadas por sentimentos carnais fantasiam seus pensamentos com mentiras. Deus abomina a mentira e a sua Palavra diz em Salmos 119.163: "Abomino e aborreço a falsidade".

É verdadeiro aquilo que é autêntico e não se baseia em suposições, boatos, mentiras e coisas sem comprovação. O espírito de mentira tem entrado no seio da igreja e produzido grandes males. É triste quando percebemos a malícia de alguns cristãos que difamam e espalham rumores negativos de outros irmãos, com a intenção de prejudicar alguém que se constitui um estorvo no seu caminho. Atitudes verdadeiras têm a ver com o caráter de quem as pratica. Paulo começa sua lista com o que é verdadeiro. Na mente judaica, a verdade é aquilo que se opõe à falsidade e à mentira. No pensamento grego da época (Platão), a verdade é aquilo que se opõe ao que é aparente ou passageiro. No pensamento do apóstolo Paulo, naquele contexto, "aquilo que é verdadeiro" era aquilo que era reto e fazia oposição ao que era irreal, falso e que não tinha substância.

2. "Tudo o que é honesto"

A palavra "honestidade" na língua grega do Novo Testamento sugere três termos: kalos, que significa "aquilo que é excelente" e, nesse sentido, "bom", e semnos, referindo-se àquilo que é "venerável, honorável". O terceiro termo grego é euschemonos, que significa "decente, decoroso". Aristóteles, filósofo grego, definiu a palavra semnos significando "honesto" ou "honestidade". Essa definição portuguesa é identificada como "uma gravidade amena e decente".

Existe uma relação entre "ser honesto" e "ser digno" para falar de postura decente, respeitosa, digna de respeito, reverência e honra. Ora, ser honesto e pensar em coisas honestas equivalem a pensar em coisas dignas e que merecem o respeito das pessoas ao nosso redor.

Quando Paulo diz que se deve pensar "em tudo o que é honesto" está, de fato, exortando aos cristãos de Filipos que a conduta deles seja transparente e decorosa. Seja como algo feito à luz do dia (Rm 13.13). O mundo precisa notar essa diferença no comportamento do crente. Qual a nossa reação quando somos caluniados e ofendidos por alguém? O primeiro ímpeto é o da nossa natureza carnal que requer vingança e que induz o ofendido a tramar uma vingança.

Entretanto, quando ocupamos nossa mente com o que é respeitável e honesto, temos a ajuda do Espírito Santo para acalmar e apagar as chamas da ira no coração. É desse modo que a paz de Deus é demonstrada para perdoar e não agir com sentimento vingativo. Em síntese, as coisas honestas são merecedoras de respeito e referência.

3. "Tudo o que é justo"

Na língua grega, a palavra "justo" é *dikaios*, que implica praticar as coisas certas e retas. Significa fazer tudo aquilo que não prejudique o seu irmão, o seu próximo. Significa não buscar atalhos nem ter atitudes iníquas para fazer e proceder o que é correto. A Bíblia diz que o homem iníquo maquina o mal na sua cama durante a noite para fazer o mal durante o dia. O profeta Amós profetizou a esse respeito e aclara a nossa mente sobre o pensar justo. Ele disse:

> Ouvi isto, vós que anelais o abatimento do necessitado e destruís os miseráveis da terra, dizendo: Quando passará a lua nova, para vendermos o grão? E o sábado, para abrirmos os celeiros de trigo, diminuindo o efa, e aumentando o siclo, e procedendo dolosamente com balanças enganadoras, para comprarmos os pobres por dinheiro e os necessitados por um par de sapatos? E, depois, vendermos as cascas do trigo. (Am 8.4-6)

Esse é o retrato do pensar e do agir injustamente. Pensar e ocupar a mente em tudo o que é justo significa desenvolver uma relação positiva com Deus e com os homens. Os padrões de justiça de Deus norteiam o comportamento moral em relação a Deus e às pessoas. O cristão verdadeiro cumpre as leis de justiça e equidade na vida da família, da sociedade e da espiritualidade. Temos uma história bíblica acerca de Acabe, rei de Israel, que se deitou com a ideia fixa e má de adquirir a vinha de Nabote, porque este havia se recusado a negociar sua vinha com o rei. Em vez de pensar com atitude de justiça e respeitar o seu semelhante, mesmo sendo um súdito do seu reino, ele deu vazão aos maus pensamentos. A mulher de Acabe,

Jezabel, tão má quanto ele, planejou e ordenou a morte de Nabote e tomou posse da sua vinha, apenas para satisfazer um desejo egoístico do coração injusto de Acabe. Porém, a justiça de Deus não os deixou impunes e pagaram caro pelo ato de injustiça que nasceu de pensamentos maus (1 Rs 21.17-26).

4. "Tudo o que é puro"

Pureza implica limpeza, algo não contaminado ou poluído. Na língua grega do Novo Testamento, a palavra "puro" advém de hagnos. Essa palavra grega sugere e descreve aquilo que é moralmente puro e livre de sujeiras, de manchas, assim como os sacrifícios de gratidão que faziam parte dos rituais sacerdotais do povo de Israel tinham que ser limpos, perfeitos e puros de qualquer impureza, antes de serem colocados sobre o altar. Desta forma, também, tudo que fazemos para Deus e tudo quanto oferecemos a Deus precisa ser puro. Uma mente pura significa uma mente casta. A primeira ideia de "ser puro" é ser inocente em relação a ter pensamentos, palavras e ação puros. O crente deve permitir ao Espírito a limpeza contínua no coração, na consciência, nas afeições e nos motivos da vida. Toda sorte de impureza deve ser eliminada no meio do povo de Deus (Ef 5.3). Ora, a que se refere a expressão "tudo o que for puro?". Refere-se a ter pureza na vida pessoal: coração purificado, consciência pura, pensamentos puros, afeições puras, possessões puras, sem motivos impuros. Precisamos ser puros na palavra e nas ações cotidianas para termos uma vida equilibrada em Cristo Jesus.

5. "Tudo o que é amável"

Ora, tudo o que é amável é tudo aquilo que se pode amar para sermos dignos de sermos amados por aquEle que nos amou com amor profundo (Jo 3.16; Rm 5.8). As coisas amáveis são coisas que atraem e causam prazer a todas as pessoas. Significa pensar naquilo que promove o amor fraternal e à amizade.

Amizade representa o que mais valorizamos na vida, por isso, "tudo o que é amável" é tudo quanto constrói emocional e espiritualmente nas relações entre os irmãos. Aquilo que é amável não é aquilo que desmerece os outros, que desqualifica os irmãos ou aquilo que faz discriminação.

6. "Tudo o que é de boa fama"

A expressão "boa fama" aparece no grego bíblico como euphemos, um adjetivo que sugere um sentido ativo de "falar bem de" em vez de "ter boa reputação" como a maioria interpreta. A tradução da NVI traduz a expressão como "aquilo que é admirável". O sentido é simples e objetivo porque se refere ao cuidado com as palavras e ações em relação às pessoas do nosso convívio. Por isso, o que é de boa fama é o que é digno de louvor, de elogio e gracioso. Algumas versões traduzem a expressão "boa fama" por "bom nome". Um bom nome significa a representação daquilo que uma pessoa é. Ter um bom nome significa ter um bom caráter. Muito mais que admirar alguém pelo seu caráter, o pensar em coisas de boa fama significa rejeitar na mente qualquer coisa ou pensamento que desonrem ou que tragam descrédito às outras pessoas. Devemos, sim, pensar em tudo o que é "de boa fama". Aquele que ocupa sua mente com coisas boas acerca de seu irmão "não folga com a injustiça, mas folga com a verdade" (1 Co 13.6). A inveja, o ciúme, a presunção são elementos que permeiam a mente de crentes carnais que não conseguem pensar bem acerca do seu irmão.

7. "... se há alguma virtude" (4.8)

A palavra "virtude" refere-se à excelência, bondade moral e ética, que rejeite qualquer inversão de valores. As coisas excelentes são coisas elevadas e devem permear a mente do cristão. No mundo que vivemos, percebe-se a falta de virtudes que enobrecem a vida moral e espiritual. O cristão tem por obrigação demonstrar para o mundo a excelência no seu modo de viver e pensar.

8. "... se há algum louvor"(4.8)

Por que não louvar atitudes dignas que merecem elogios? As ações positivas das pessoas que contribuem para a elevação da moral devem ser proclamadas e recomendadas.

Paulo se Apresenta como Modelo de Vida Cristã Equilibrada (4.9)

Paulo seria incompreendido em nossos tempos como alguém arrogante e presunçoso por se apresentar como referencial de comportamento. Entretanto, ele nos dá a lição de alguém humilde que não teme demonstrar e colocar sua vida numa vitrine para ser visto.

Depois de ter apresentado as virtudes que devem nortear a vida do cristão, Paulo sabia que muitas outras virtudes cristãs merecem apreciação. Porém, nessa escritura ele citou apenas algumas delas, mas faz uma ressalva quando diz: "Se há alguma virtude, e se há algum louvor, nisso pensai" (4.8). Todas as coisas excelentes que promovem a paz e uma boa relação humana e cristã devem permear a mente do cristão.

1. Cinco verbos como modelos de vida

No texto do versículo 9, Paulo usa cinco verbos que promovem ação: aprender, receber, ouvir, ver e fazer (4.9). Ele os utiliza como se abrisse uma janela do seu interior para que os irmãos filipenses pudessem perceber. Ele assume o papel de referencial para ser imitado. Ele queria que os irmãos filipenses seguissem o seu exemplo. Não há nenhuma presunção da parte de Paulo, mas há uma transparência e exposição, no sentido de que ele não esconde nada dos seus irmãos em Cristo. É uma qualidade pastoral que precisa ser vivida na experiência de muitos líderes cristãos hoje.

2. A prática pelo exemplo de Paulo

Ele diz: "O que também aprendestes... em mim" (4.9) nos ensina que é importante termos referenciais, modelos que podemos imitar.

No ministério cristão, é indispensável que tenhamos esses referenciais. Quando fui para o Instituto Bíblico de Pindamonhangaba – SP, em 1964, meu sonho de realização focava o exemplo de homens de Deus especiais que me marcaram com o testemunho de suas vidas. Paulo tinha a coragem moral de incentivar aos seus filhos na fé, nas igrejas plantadas por ele, que o imitassem, em termos de vida e testemunho cristão. Paulo envia essa carta aos filipenses e os lembra de tudo quanto haviam aprendido com ele. Por isso, ele podia declarar com segurança: "Sede meus imitadores, como também eu, de Cristo" (1 Co 11.1).

A lição que aprendemos com o apóstolo Paulo nessa Carta é que todo ministro de Deus deve ser transparente. Assim como o Deus da graça o alcançou e o perdoou em Cristo para ser um servo exemplar, assim também o mesmo Deus de paz estará com os demais cristãos fiéis.

Devemos praticar o que temos aprendido dos obreiros antigos e fiéis que serviram a Cristo com fidelidade. Paulo deu o mesmo conselho aos filipenses, dizendo-lhe: "isso praticai" (4.9, ARA). Devemos tomar posse dessas qualidades que exprimem o comportamento que deve nortear o cristão.

Capítulo 12

A Reciprocidade do Amor Cristão

Filipenses 4.10-13

> Ora, muito me regozijei no Senhor por, finalmente, reviver a vossa lembrança de mim; pois já vos tínheis lembrado, mas não tínheis tido oportunidade. Não digo isto como por necessidade, porque já aprendi a contentar-me com o que tenho. Sei estar abatido e sei também ter abundância; em toda a maneira e em todas as coisas, estou instruído, tanto a ter fartura como a ter fome, tanto a ter abundância como a padecer necessidade. Posso todas as coisas naquele que me fortalece. (Fp 4.10-13)

Reciprocidade é um sentimento de correspondência, de intenções ou ações entre duas pessoas ou entre dois grupos. No contexto dessa temática, representa a manifestação amorosa dos cristãos filipenses para com o seu pai na fé, o apóstolo Paulo. Essa reciprocidade é típica da vida da igreja cujos interesses são comuns a todos. Portanto, reciprocidade se constitui numa qualidade que desfaz o individualismo, realça a fraternidade e desenvolve uma relação de paridade de sentimentos representados no amor cristão.

O apóstolo Paulo, inspirado pelo Espírito Santo, escreveu na Carta aos Coríntios: "O amor é sofredor, é benigno; o amor não é invejoso; o amor não trata com leviandade, não se ensoberbece, não se porta com indecência, não busca os seus interesses, não se irrita, não suspeita mal; não folga com a injustiça, mas folga com a verdade; tudo sofre, tudo crê, tudo espera, tudo suporta" (1 Co 13.4-7).

Nesse capítulo, especialmente no texto de 4.10-13, o apóstolo Paulo expressa sua alegria e gratidão à igreja de Filipos, que lhe enviara donativos. Eram ofertas que o mantinham vivo na sua prisão, uma vez que ele não podia trabalhar fazendo tendas como havia aprendido para poder se manter. Essa escritura nos ensina a importância da reciprocidade que deve existir no seio da igreja. Paulo estava agradecido aos filipenses por terem se lembrado dele, mas destaca que sempre dependeu da providência divina para o seu sustento.

O Tributo de Gratidão pelos Filipenses

O apóstolo Paulo faz um tributo de gratidão à igreja de Filipos dando um testemunho de sua relação com aquela igreja, a qual demonstrava o seu amor e desvelo pela obra missionária.

1. O tributo de gratidão de Paulo à igreja pelo seu "cuidado" para com ele (4.10)

Paulo começa dizendo: "muito me regozijei no Senhor" para demonstrar a igreja de Filipos que ele suportava as privações da prisão em Roma com uma atitude de gratidão a Deus, a qual lhe proporcionava grande alegria no seu espírito. O gozo do Senhor na alma e no espírito é nutriente de fortalecimento espiritual, moral e material quando estamos limitados e privados de conforto. Todo crente em Cristo deve estar consciente da presença imanente do Espírito em todas as circunstâncias da vida.

Já haviam se passado quase dez anos desde a última oferta enviada a Paulo pelos filipenses. Ele agradecia a Deus pelo suprimento feito pela igreja para ajudá-lo nas suas necessidades. Ele se lembrava da primeira oferta quando esteve em Tessalônica e foi agraciado pelo amor desses irmãos (4.15,16). Nessa Carta, Paulo agradece pela surpresa agradável da segunda oferta enviada para ele, exatamente quando estava preso em Roma. Ele agradece e se regozija pela lembrança dos irmãos. Foi por esse amor demonstrado que ele declarou: "muito me regozijei no Senhor" (4.10). Ele estava declarando que a oferta dos filipenses era o fruto da providência divina e da reciprocidade quando lhes pregou o evangelho em Filipos. Ele coloca a providência de Deus acima de qualquer sentimento porque entendia que era o Senhor quem inspirava esse amor demonstrado pelos filipenses.

2. Houve demonstração de reciprocidade entre o apóstolo e a igreja (v. 10)

A expressão "vossa lembrança" está traduzida na ARA como "vosso cuidado". A palavra "cuidado" reveste-se de sentido especial na relação recíproca entre o apóstolo e a igreja de Filipos. Quando diz: "por, finalmente, reviver a vossa lembrança" estava, de fato, usando a palavra "reviver" com um modo de lembrar com carinho e demonstrar a materialidade desse sentimento em donativos que davam condições de sobrevida na sua prisão em Roma. O ato de reviver e lembrar experiências passadas se constitui um conforto que não tem preço para quem é o objeto dessa lembrança. A relação amorável entre os filipenses e seu pai na fé era demonstrada de modo fraterno e reconhecimento pelas bênçãos recebidas através de Paulo. Eles receberam as bênçãos do evangelho e não se esqueceram de corresponder quando o servo do Senhor estava necessitado.

A igreja de Filipos foi fundada por Paulo enfrentando muita oposição com perseguição, prisão e muito sofrimento. Agora a igreja demonstrava sua gratidão ao apóstolo cuidando dele e ajudando-o nas suas necessidades. Esse cuidado da igreja tinha um caráter espiritual, pois o que importava nessa ação da igreja era a sua motivação. Essa reciprocidade foi manifestada no reconhecimento da igreja de Filipos e a necessidade do apóstolo. Essa reciprocidade envolvia o dar e receber entre ambos (1 Co 9.11; Rm 15.27).

3. A igreja tem a obrigação de cuidar dos seus obreiros

Quando a igreja em Filipos ainda não tinha uma estrutura organizacional com capacidade própria para se autossustentar não deixou de fazer o que era possível para fazer a obra de Deus. Mesmo assim, a igreja em Filipos, não tendo um templo e ainda reunindo-se em casas dos irmãos, tinha o coração aberto para fazer a obra missionária. Em nossos tempos modernos não se justifica que uma igreja local que tenha uma estrutura material e financeira não faça a obra missionária. É princípio bíblico que deve nortear a igreja no sentido de sustentar seus ministros. Para isso, a igreja deve organizar um sistema financeiro equilibrado para a manutenção da vida eclesiástica. Nenhum obreiro pode fazer da missão pastoral um modo de ganhar dinheiro. Não se justifica pastores ricos com dinheiro das ofertas e dízimos da igreja. A igreja deve assumir a responsabilidade de dar o sustento necessário aos seus pastores para que eles possam realizar a obra sem ficarem restritos à falta de recursos para o sustento da própria família. Paulo sofreu com a falta de sensibilidade da igreja de Corinto, que deixou de pagar-lhe o que era devido. Por outro lado, a igreja de Filipos não deixou de cuidar do sustento do velho apóstolo (2 Co 8.8,9; 12.13). A obra missionária é responsabilidade da igreja no sentido de dar suporte aos missionários em suas atividades evangelísticas.

4. Todo obreiro deve aprender a contentar-se com o que Deus lhe deu na sua obra (Fp 4.11)

O profissionalismo ronda o ministério cristão roubando o espaço dos que são, literalmente, chamados para fazer a obra de Deus. O perigo reside no fato de que o profissional na vida eclesiástica cumpre apenas o seu papel de profissional, sem aquele ardor que domina o coração do vocacionado para o ministério pastoral. O profissional, por mais honesto que seja, preocupa-se com a prebenda a que tem direito. A renda financeira da igreja é o alvo da sua administração tão somente. Entretanto, o chamado por Deus, quando pensa em dinheiro no contexto da igreja, preocupa-se com os meios que podem fazer a igreja crescer.

O sustento (o dinheiro) não deve ser o objeto da vida de um obreiro. Ele não pode deixar-se dominar pela avareza e pela ganância. O apóstolo Paulo nos dá a grande lição quando diz: "... aprendi a contentar-me com o que tenho" (v. 11). O ideal que dominava o coração do apóstolo era pregar o evangelho em toda parte. Nada era mais importante que isso. Nenhuma circunstância negativa, nenhuma dificuldade financeira, nada, absolutamente nada roubaria a visão missionária do apóstolo. Paulo não se angustiava pela privação material e social que estava vivendo. Pelo contrário, a alegria do Senhor era a sua força de superação. Ele vivia contente com a própria suficiência em Cristo. Ele sabia que o descontentamento é como uma planta má que faz brotar a avareza (Hb 13.5,6), o roubo (Lc 3.14) e a preocupação com as coisas materiais (Mt 6.25-34). A atitude de Paulo contraria a falsa teologia da prosperidade, que não admite pobreza ou privação na vida do crente.

O Contentamento em toda e qualquer Situação

1. Seu contentamento era gerado pela suficiência de Cristo

Paulo diz assim: "já aprendi a contentar-me com o que tenho" (v. 11). O foco de sua vida era a pregação do evangelho que pregava. Ele não se prendia a nenhuma circunstância externa. Precisava de donativos para poder manter-se, mas contentava-se com o que tinha. Ele satisfazia-se com a convicção de que Cristo lhe era plenamente suficiente, por isso podia declarar: "Posso todas as coisas naquele que me fortalece" (4.13).

A Bíblia nos mostra que o descontentamento gera a avareza, e o autor da Carta aos Hebreus disse: "Sejam vossos costumes sem avareza, contentando-vos com o que tendes; porque ele disse: Não te deixarei, nem te desampararei. E, assim, com confiança, ousemos dizer: O Senhor é o meu ajudador, e não temerei o que me possa fazer o homem" (Hb 13.5,6). Jesus ensinou o risco daqueles que se preocupam com as coisas materiais quando diz: "Não andeis cuidadosos quanto à vossa vida, pelo que haveis de comer ou pelo que haveis de beber, nem quanto ao vosso corpo, pelo que haveis de vestir. Não é a vida mais do que o mantimento, e o corpo, mais do que a vestimenta?" (Mt 6.25). Nosso contentamento não pode ser confundido com comodismo, mas deve ser expresso com atitude de reconhecimento pela suficiência que só Cristo pode nos dar.

Quando o apóstolo dizia que podia "contentar-se como o que tinha" (4.11), estava, de fato, refutando a filosofia dos estóicos, que davam valor à virtude da autossuficiência, ou de independência externa. Essa filosofia sustentava que o homem deve bastar-se a si mesmo e contentar-se interiormente com todas as coisas que lhe sobrevêm. Mas Paulo refuta essa filosofia declarando-se autodependente da providência divina. Seu contentamento baseava-se no fato de que Deus cuida dos seus servos e os ensina a viver de forma inteligente e confiante nEle. Aos coríntios, Paulo escreveu: "Não que sejamos capazes, por nós, de pensar alguma coisa, como de nós mesmos; mas a nossa capacidade vem de Deus" (2 Co 3.5). Na tradução da ARA, o texto aclara ainda mais: "pelo contrário, a nossa suficiência vem de Deus".

2. O aprendizado que gera o contentamento (4.12)

Ainda no versículo 11, temos a palavra "aprendi". Esse verbo está no pretérito perfeito, que indica algo experimentado. Paulo aprendeu a arte do contentamento através de uma experiência cotidiana em que dependia totalmente do Senhor para sobreviver e para fazer a obra do evangelho. O contentamento cristão confia na suficiência de Cristo e na sua providência para todas as necessidades. Paulo demonstra esse cuidado de Deus na sua vida em meio às situações mais angustiantes, conforme está registrado em 2 Coríntios 11.24-28. Está escrito naquela Carta aos Coríntios:

> Recebi dos judeus cinco quarentenas de açoites menos um; três vezes fui açoitado com varas, uma vez fui apedrejado, três vezes sofri naufrágio, uma noite e um dia passei no abismo; em viagens, muitas vezes; em perigos de rios, em perigos de salteadores, em perigos dos da minha nação, em perigos dos gentios, em perigos na cidade, em perigos no deserto, em perigos no mar, em perigos entre os falsos irmãos; em trabalhos e fadiga, em vigílias, muitas vezes, em fome e sede, em jejum, muitas vezes, em frio e nudez. Além das coisas exteriores, me oprime cada dia o cuidado de todas as igrejas.

Ora, depois de um testemunho como esse, Paulo tinha maturidade e experiência para apelar às igrejas que o imitassem na vida cristã.

"Sei estar abatido e também ter abundância" (v. 12). A vida cristã se baseia em convicções firmes. Quando o apóstolo Paulo declara "sei", referia-se à certeza absoluta de que Deus lhe provia todas as necessidades, físicas, materiais, emocionais e espirituais. Paulo experimentou pobreza várias vezes e aceitava esse estado de vida como um privilégio em ser humilhado como Cristo foi humilhado. O ter e o não ter, ter abundância e ter falta de coisas de primeira necessidade, não faziam com que o apóstolo perdesse a paciência e o alvo maior de sua vida, que era o de cumprir o desígnio de Cristo no mundo. Ele não tinha dificuldade alguma para compreender qualquer situação negativa. Sua experiência com Cristo era suficiente para ter fé absoluta no cuidado de Deus. Ser ou estar "humilhado" ou "abatido" implica aceitar a privação material perante o mundo sem se envergonhar. Em 1 Coríntios 4.11-13 e em 2 Coríntios 6.4-10, o apóstolo Paulo ilustra o aprendizado a que se submeteu envolvendo todo tipo de sofrimento físico, material e até espiritual, mas sem perder a confiança de que valia a pena sofrer tudo isso por amor ao Senhor Jesus Cristo. O próprio Senhor Jesus deu exemplo, porque sendo Filho de Deus, aprendeu a obediência pelas coisas que sofreu (Hb 5.8).

"... tanto a ter fartura como a ter fome" (v. 12). A filosofia cristã capacita o crente a manter a sua fé quando tem fartura e quando passa fome. Quantos homens e mulheres de Deus saíram sem salário, sem casa, e enfrentaram a nudez, a fome, a fadiga, a perseguição e a desonra para pregar o evangelho.

Minha experiência pessoal quando menino, filho de pastor, em tempos de pobreza quando as igrejas estavam iniciando apenas: Lembro-me quando em Chapecó (Santa Catarina), em 1954, faltaram os alimentos de primeira necessidade em nossa casa. Meu pai saiu em busca de algum trabalho que lhe desse dinheiro para comprar comida. Viajou para outra cidade de carona e só veio no seguinte. Entretanto, no dia em que viajou, chorando, antes fez uma oração com minha mãe para que Deus não permitisse a família passar fome. Naquela noite, fomos surpreendidos por alguém que viajou mais de 100 quilômetros porque foi acordado de madrugada pelo Senhor que lhe disse que a família de um servo de Deus estava passando fome. Ele deveria juntar tanto quanto pudesse de alimentos e levá-los para esse servo de Deus. Aquele homem não conhecia meu pai, nem sabia o endereço, mas obedeceu a Deus. Preparou sua carroça e a encheu de mantimentos, pondo-se a viajar para Chapecó. Chegou naquele dia à noite. Bateu à porta, depois da meia-noite, e minha mãe, assustada, foi atender a pessoa que havia chegado. O homem perguntou à minha mãe: "É aqui que um servo de Deus está passando necessidades?" Minha mãe respondeu-lhe que sim. O homem, então, disse: "Deus meu acordou há três dias em minha cama e me enviou a trazer alimentos para vocês". Descarregou a carroça, tirou os arreios dos cavalos, e entrou em nossa casa para agradecer a Deus. Meu pai não tinha salário, nem igreja para levantar ofertas. A igreja tinha duas ou três famílias de convertidos. Dependia totalmente do milagre de Deus. O ideal do evangelho estava acima de qualquer adversidade.

A igreja de hoje tem recursos suficientes para enviar missionários e sustentá-los sem problema algum. A lição que aprendemos é que o ideal do evangelho precisa estar acima das adversidades no meio do caminho.

A Principal Fonte do Contentamento (4.13)

Depois de abrir o coração e expor à igreja os sofrimentos que ele e outros apóstolos haviam passado, e ainda padeciam privações e sofrimentos físicos, conclui de modo triunfal a principal fonte do seu contentamento: "Posso todas as coisas naquele que me fortalece". Paulo nos ensina com a declaração desse versículo que Cristo é toda a suficiência que fortalece a vida dos que servem a Deus. Ele não está ensinando que os servos de Cristo precisam sofrer e suportar as vicissitudes da vida. Ele está, de fato, dizendo que essas dificuldades são inevitáveis, mas que o segredo da vitória está na autodisciplina e no autocontrole do cristão e do obreiro na batalha da vida cristã. Paulo fortalece a ideia de que sua força para superar todas essas coisas estava na confiança daquEle que tudo pode.

A vitória do apóstolo sobre a ansiedade que rondava o seu ministério não foi obtida pela força do pensamento positivo como alguns líderes cristãos ensinaram, tais como Norman Vincent Peale, Robert Schuller e outros. Sua vitória interior foi conquistada e vivida por um aprendizado com o exemplo de Jesus que sofreu tudo, mas foi vencedor. A força motora do seu ministério era o Senhor e ainda é para aqueles que confiam plenamente nEle. A razão do contentamento que nos torna capazes de superar todos os problemas da vida é a pessoa de Jesus. Matthew Henry escreveu em seu comentário: "Temos a necessidade de obter forças de Cristo, para sermos capacitados a realizar não somente as obrigações puramente cristãs. Mas mesmo aquelas que são fruto da virtude moral. Precisamos da força dele para nos ensinar a como ficar contente em cada condição".

Aprendemos neste capítulo que devemos submeter nossa mente a Cristo e ter nossos pensamentos controlados pelo Espírito Santo. Nosso fortalecimento espiritual resulta da nossa relação de comunhão com o Senhor Jesus. Nunca seremos autossuficientes, mas dependeremos dEle sempre.

Capítulo 13

Uma Oblação de Amor

Filipenses 4.14-23

A liberalidade em contribuir com a obra de Deus se constitui numa oblação de amor.

Todavia, fizestes bem em tomar parte na minha aflição. E bem sabeis também vós, ó filipenses, que, no principio do evangelho, quando parti da Macedônia, nenhuma igreja comunicou comigo com respeito a dar e a receber, senão vós somente. Porque também, uma e outra vez, me mandastes o necessário a Tessalônica. Não que procure dádivas, mas procuro o fruto que aumente a vossa conta. Mas bastante tenho recebido e tenho abundância; cheio estou, depois que recebi de Epafrodito o que da vossa parte me foi enviado, como cheiro suave e sacrifício agradável e aprazível a Deus. O meu Deus, segundo as suas riquezas, suprirá todas as vossas necessidades em glória, por Cristo Jesus. Ora, a nosso Deus e Pai seja dada glória para todo o sempre. Amém! Saudai a todos os santos em Cristo Jesus. Os irmãos que estão

> comigo vos saúdam. Todos os santos vos saúdam, mas principalmente os que são da casa de César. A graça de nosso Senhor Jesus Cristo seja com vós todos. Amém! (Fp 4.14-23)

A palavra oblação, na cultura religiosa judaica, faz parte dos vários tipos de ofertas que existiam em alguns atos rituais e litúrgicos na relação do povo de Israel com o próprio Deus. Cada oferta tinha sua finalidade e a sua importância na liturgia judaica. Havia dois tipos de ofertas: as ofertas expiatórias e as ofertas de consagração. As ofertas expiatórias eram identificadas como a oferta pelo pecado (Lv 4.1-35; 6.24-30) e a oferta pela culpa (Lv 5.14-16; 7.1-7). As ofertas de consagração eram identificadas como holocaustos — "aquilo que sobe" — (Lv 1.3-17; 6.8-13) e as ofertas de manjares (oblação), feitas com cereais, animais e elementos que podiam ser comidos, especialmente, pelos sacerdotes e levitas (Gn 4.3-5; Jz 6.18; 1 Sm 2.17).

Esta Carta contém assuntos doutrinários e assuntos de caráter pessoal da parte de Paulo, além do preito de gratidão e da alegria do Senhor que enchia o seu coração. No texto de 4.10-13 temos uma das mais bonitas expressões de confiança e contentamento que se acha em toda a Bíblia. Paulo revela, neste final de carta, sua vida de confiança em Cristo lhe dando força interior para continuar a cumprir o seu ministério. No versículo 13 ele declara que Cristo é a razão de sua fortaleza moral e espiritual. Não é a sua idade, o seu conhecimento, a sua influência, nem os seus talentos, mas Cristo. Neste final de carta, em especial, Paulo fala da oferta dos filipenses como uma oblação, como um sacrifício agradável a Deus.

Participando das Aflições do Ministério (4.14-16)

No versículo 13, Paulo diz que podia fazer, ou suportar todas as coisas com a força de Cristo Jesus. Com esta declaração ele não estava depreciando as ofertas recebidas dos filipenses. Ele estava, na realidade, removendo toda e qualquer possibilidade de má interpretação de suas palavras, uma vez que preferia sustentar-se com o seu trabalho manual. Mas ele assegura aos filipenses que estava agradecido pelas ofertas dos irmãos que demonstravam uma atitude de oblação a Deus.

1. O amor dos filipenses era um consolo nas tribulações de Paulo

Paulo disse aos filipenses: "fizestes bem" (v. 14). Ele estava não só elogiando, mas interpretando o gesto amoroso dos filipenses como participação nas aflições do apóstolo. No texto grego, a expressão é kalos poiein, que significa "vós agistes bem". A participação dos filipenses nas suas tribulações, segundo o sentimento do coração de Paulo, era um dos modos de Deus agir em seu favor para torná-lo forte. Era, também, uma demonstração da obra regeneradora do Espírito na vida desses irmãos.

O que Paulo queria passar para a igreja em Filipos era que, em sua penúria material, ele não se sentia pobre, e na abundância, ele usufruía daquilo que Deus dava, de consciência tranquila. Paulo não apenas aprendeu a não levar em conta as circunstâncias adversas, os apetites e desejos naturais, porque podia dizer: "Posso todas as coisas naquele que me fortalece" (4.13).

No versículo 15, Paulo declara que, provavelmente, doze anos atrás, no início da obra em Filipos e em toda a Ásia Menor, nenhuma igreja da Macedônia o ajudou com qualquer donativo para sustentá-lo. Somente a igreja de Filipos teve a iniciativa de ajudá-lo e, por isso, ele era agradecido a Deus e aos filipenses.

2. "Tomar parte na minha aflição (tribulação)" (v. 14)

A comunhão fraternal vivida entre Paulo e a igreja de Filipos o fez alegrar-se. Essa comunhão era demonstrada na participação das suas aflições. A expressão "tomar parte" sugere a ideia de "compartilhar com, ou coparticipar de", e Paulo se sente abençoado pelo Senhor pelo fato de a igreja de Filipos coparticipar da sua aflição (material e física) com aquele gesto de amor enviando o donativo.

O compartilhamento da igreja no sustento de seus obreiros implica contribuir para a causa de Cristo. Era uma demonstração de maturidade espiritual da igreja, e não uma imposição para que as pessoas o sustentassem. Paulo sabia que havia entre os irmãos os recalcitrantes e fracos na fé que sempre interpretavam e julgavam seu ministério de forma maldosa. Entretanto, ele não levava em conta essas oposições, uma vez que tantos outros eram fiéis, leais e entendiam seu ministério. Os filipenses viam o ministério de Paulo como uma santa oblação para suas vidas; por isso, cooperavam em tudo que podiam. Era, de fato, uma prática demonstrada desde os dias da igreja pós-Pentecostes e, agora, a igreja de Filipos fazia o mesmo com muito amor e consideração ao apóstolo.

3. O exemplo da igreja depois do Pentecostes

O melhor exemplo foi relatado por Lucas em Atos 2.42-47:

> E perseveravam na doutrina dos apóstolos, e na comunhão, e no partir do pão, e nas orações. Em cada alma havia temor, e muitas maravilhas e sinais se faziam pelos apóstolos. Todos os que criam estavam juntos e tinham tudo em comum. Vendiam suas propriedades e fazendas e repartiam com todos, segundo cada um tinha necessidade. E, perseverando unânimes todos os dias no templo e partindo o pão em casa, comiam juntos com alegria e singeleza de coração, louvando a Deus e caindo na graça de todo o povo. E todos os dias acrescentava o Senhor à igreja aqueles que se haviam de salvar" (At 2.42-47).

O ato de "tomar parte" ou "associar-se" na tribulação de Paulo implicava uma reciprocidade entre ele e os irmãos na fé.

4. Paulo destaca a relação de dar e receber entre ele e os filipenses (vv. 15,16)

Nos tempos modernos, a igreja tem sofrido com obreiros que exploram as igrejas financeiramente. É uma realidade que vivemos e que precisa ser corrigida. Paulo dá um exemplo de viver de modo a não tornar-se um mercenário. Todo obreiro é digno do seu salário e isso é princípio bíblico. O que não é admissível é que se faça a obra de Cristo por causa de dinheiro. Em relação a si mesmo, Paulo está dizendo à igreja de Filipos que o recebimento da oferta enviada para ele tinha, acima de tudo, um caráter espiritual. Ele a recebia como uma oblação de amor da parte dos filipenses. Ele não a recebia por cobiça material: "Não que procure dádivas" (v. 17). Era, na realidade, o exercício de um sacerdócio com a coparticipação da igreja. Uma igreja que se fecha como um casulo, voltada apenas para os seus interesses internos, deixa de cumprir o seu papel sacerdotal de misericórdia.

Em relação à liderança, deve haver todo cuidado com as tentações das dádivas e do dinheiro e, nesse sentido, Paulo era cuidadoso. Os servos de Deus que pregam e ensinam nas igrejas, e que dependem das ofertas para o seu sustento, ou mesmo os que pastoreiam igrejas e aqueles que exercem o ministério da Palavra na itinerância, precisam ter cuidado com o amor ao dinheiro. O sábio Salomão declarou: "O que amar o dinheiro nunca se fartará de dinheiro" (Ec 5.10). As igrejas devem respeitar e amar os que vivem apenas do ministério, mas estes não devem permitir que o dinheiro os escravize e se torne senhor de suas vidas. O "dar e receber" está dentro do contexto da mordomia cristã que une trabalho e recompensa com o fim de colocar o Reino de Deus em primeiro lugar. É preciso haver um total desprendimento material daqueles que servem na obra de Deus.

A Oblação de Amor dos Filipenses (4.17-19)

1. O sentido da palavra oblação (vv. 17,18)

Explicando a palavra "oblação" de modo mais explícito, já sabemos que se trata de uma palavra típica da linguagem litúrgica da vida religiosa dos judeus. Vários tipos de ofertas faziam parte do sistema sacrificial do Antigo Testamento. Essa palavra está contida no contexto da expressão "cheiro de suavidade e sacrifício agradável" (v. 18). O sentido da palavra é "dádiva, oferta" que se oferecia nos atos de entrega a Deus, conforme dissemos acima, "ofertas de consagração". Portanto, entre todos os tipos de ofertas do sistema sacrifical, a "oblação" é a oferta de algo comestível ("de cereais ou de animais"), fruto da gratidão pelas provisões materiais da parte de Deus ao seu povo. Essas ofertas não eram queimadas, mas podiam ser comidas.

2. A oblação dos filipenses na mente de Paulo (v. 18)

Paulo usa expressões do culto a Deus e diz que a oferta dos filipenses era "cheiro suave, como sacrifício agradável a Deus". A frase "cheiro suave" encontramos repetidamente no Antigo Testamento, a começar pelo sacrifício de Noé depois que a arca pousou num dos montes Ararat (Gn 8.20,21). O texto de Gênesis diz que "o Senhor cheirou o suave cheiro" do sacrifício que Noé lhe ofereceu. Na mente de Paulo, a dádiva dos filipenses exalava um aroma suave, como um sacrifício aceitável e aprazível a Deus (Êx 29.18; Gn 4.4). Ele entendia, como uma prática de justiça e misericórdia, como sendo um sacrifício agradável ao Senhor. No Novo Testamento, Cristo é sacrifício pelos pecados do mundo e é "oblação de cheiro suave" como oferta a Deus (Ef 5.2). A atitude dos filipenses era vista por Paulo como se fosse uma oferta de manjares oferecida a Deus que exalava um "cheiro suave" diante do Senhor.

3. A recompensa da generosidade dos filipenses (v. 19)

A igreja em Filipos não tinha muitos recursos financeiros. Por isso, a sua contribuição envolvia sacrifício e muito amor. Era uma igreja que dava, não do que sobrava, mas fazia além do que tinha e o fazia com um sentimento de amor ao Senhor Jesus. O apóstolo Paulo estava feliz pela generosidade dos filipenses e declara que aquela atitude de amor da parte deles lhes seria uma porta aberta para as suas vidas com todas as bênçãos e riquezas materiais e espirituais. Paulo lembra os filipenses de que a sua atitude magnânima para com ele era o fruto do verdadeiro doador de todas as coisas, que é o Senhor por quem somos abençoados e a quem fazemos todas as coisas por gratidão. "Ele suprirá todas as vossas necessidades" (v. 19). Sem dúvida, eles seriam amplamente recompensados pelo Senhor. Ao falar das "riquezas" de Deus, Paulo fortalecia a fé dos filipenses em um Deus que haveria de suprir todas as suas necessidades. De modo muito pessoal, o apóstolo usa a expressão "o meu Deus", dando um sentido particular de quem tinha essa intimidade para garantir que Ele supriria todas as necessidades dos filipenses. Quando diz "em glória", subentende-se que Deus haveria de suprir as necessidades dos filipenses de maneira gloriosa. A palavra "suprir" significa "fazer transbordar". Os filipenses deveriam continuar a ajudar a obra de Deus com desprendimento. As igrejas que investem na obra missionária são abundantemente abençoadas.

Nos versículos 20 ao 23 temos uma doxologia que Paulo faz a Deus em gratidão por tudo quanto havia recebido em sua vida. Ele saúda a todos os santos em Cristo e encerra sua carta com a tradicional saudação: "A graça de nosso Senhor Jesus Cristo seja com vós todos" (v. 23). A palavra "nosso" ganha um sentido especial, porque nesse contexto não se trata de um pronome possessivo, mas significa um pronome fraternal de relacionamento. Deus é "nosso Pai", e por Jesus Cristo, seu Filho amado, somos filhos de Deus; por isso, a palavra "nosso" está em nossos corações. A Ele prestamos nosso louvor e glória que é eterna pelos "séculos dos séculos".

Referências Bibliográficas

ARRINGTON, French L., e STRONSTAD, Roger. **Comentário Bíblico Pentecostal**. Rio de Janeiro: CPAD, 2003.

BARCLAY, William. **Comentario al Nuevo Testamento**. Terrassa: CLIE, 2006.

BOYD, Frank M. **Comentário Bíblico de Gálatas, Filipenses, 1 e 2 Tessalonicenses e Hebreus**. Rio de Janeiro: CPAD, 1996.

BRUCE, F. F. Novo **Comentário Bíblico Contemporâneo — Filipenses**. São Paulo: Editora Vida, 1992.

CABRAL, Elienai. **Romanos**: O Evangelho da Justiça de Deus. Série Comentário Bíblico. 8. ed. Rio de Janeiro: CPAD, 2005.

CHAMPLIN, Russell Norman. **O Novo Testamento Interpretado**. Vol. 5. São Paulo: Editora A Voz Bíblica.

CLARKE, Adam. **Comentario de la Santa Biblia**. Tomo III. São Paulo: CNP, 1976.

F. F. Bruce. **Romanos**: Introdução e Comentário. Série Cultura Bíblica. São Paulo: Edições Vida Nova e Editora Mundo Cristão, 1979.

HERRING, Ralph A. **A Carta aos Filipenses**. Tatuí, SP: Editora CPB, 1958.

HOWARD, E. R. et al. **Comentário Bíblico Beacon**. Vol. 9. Rio de Janeiro: CPAD, 2006.

LOPES, Hernandes Dias. **Filipenses**. São Paulo: Hagnos, 2007.

LUNG, E. **Epístola a los Filipenses**. Terrassa: CLIE, 1985.

MARTIN, Ralph P. **Filipenses**: Introdução e Comentário. São Paulo: Edições Vida Nova, 1976.

MEYER, F. B. **Comentário Bíblico Devocional do Novo Testamento**. Venda Nova, MG: Betânia, 1992.

PEARLMAN, Myer. **Epístolas Paulinas**. Rio de Janeiro: CPAD, 1998.

PENNISI, João. **O Livro de Filipenses**. São Paulo: Vida Cristã, 1978.

ROBERTSON, A.T. **Comentario al Texto Grego del Nuevo Testamento**. Terrassa: CLIE, 2003.

SHEDD, Russell P. **Alegrai-vos no Senhor**. São Paulo: Edições Vida Nova, 1984.

SOARES, Esequias. **Cristologia**: a doutrina de Jesus Cristo. São Paulo: Hagnos, 2008.

WEINGARTNER, Lindolfo. **Filipenses**. Curitiba: Editora Encontrão, 1992.

WIERSBE, Warren W. **Comentário Bíblico Expositivo**: Novo Testamento. Vol. 2. São Paulo: Geográfica Editora, 2006.